Hamburger Abendblatt edition

HAMBURG IM

100 JAHRE HOCHBAHN

MINUTENTAKT

SO BEWEGT SICH DIE HANSESTADT

LIEBE LESERINNEN UND LESER!

Rund 420 Millionen Menschen sind im vergangenen Jahr mit der U-Bahn oder einem Bus der HOCHBAHN gefahren – und das ist auch gut so: für den Umwelt- und den Klimaschutz, für den Verkehr auf Hamburgs chronisch überlasteten Straßen und nicht zuletzt auch fürs Nervenkostüm und das Portemonnaie der Fahrgäste.

Der öffentliche Nahverkehr in Hamburg boomt. In den vergangenen fünf Jahren ist die Zahl der HVV-Kunden („Hamburger Verkehrsverbund") um 16,5 Prozent auf insgesamt 680 Millionen pro Jahr gestiegen. Diese Entwicklung dürfte sich auch im runden Jubiläumsjahr der HOCHBAHN fortsetzen (im Jahre 1965 Initiator und Gründungsmitglied des HVV), die vor nunmehr 100 Jahren, am 15. Februar 1912, mit einer glanzvollen „Senatorenfahrt" von „Rathausmarkt" nach „Barmbeck" eine neue Ära urbanen Lebens einläutete.

Aber heißt es nun eigentlich U-Bahn oder Hochbahn? Seit der Aufsichtsratssitzung der Hamburger Hochbahn Aktiengesellschaft am 29. März 1947 besitzt Hamburg offiziell eine „U-Bahn"; ein Begriff, der sich in Berlin bereits in den 1930er-Jahren durchgesetzt hatte, obwohl die Streckenführung in beiden Städten bekanntlich nicht nur unterirdisch verlief. Zuvor hatte man auch dort von einer „Elektrischen Hoch- und Untergrundbahn" gesprochen, doch diese Bezeichnung war im Laufe der Zeit sicherlich zu Recht als sperrig empfunden worden. Daher beschloss der Aufsichtsrat der HOCHBAHN, dem Berliner Vorbild zu folgen. Das Betriebspersonal wurde angewiesen, das Wort „Hochbahn" fortan tunlichst zu vermeiden. Sprechen wir heute dennoch von der „Hochbahn", ist damit die „Hamburger Hochbahn Aktiengesellschaft" gemeint, die sich mittlerweile als zweitgrößtes Nahverkehrsunternehmen in Deutschland etabliert hat. Es zählt – auch international – zu den wirtschaftlich stärksten und am besten geführten in der Branche. Unter dem Firmendach der HOCHBAHN vereinigen sich der Hamburger U-Bahn-, Bus-, und Schiffsverkehr (HADAG und Alster-Touristik GmbH) sowie Tochterunternehmen im norddeutschen öffentlichen Personennahverkehr. Sie ist in zehn Bundesländern mit Beteiligungsgesellschaften im Schienenpersonennahverkehr vertreten und unterhält darüber hinaus diverse Tocher- und Beteiligungsgesellschaften in vielen Dienstleistungsbereichen rund um den Verkehr.

Bis zum 30. September 1978 betrieb die HOCHBAHN auch die Straßenbahn, die sich bekanntlich nicht wenige Hamburger zurückwünschen. Doch eine neue „Stadtbahn" wird es nach einem Senatsbeschluss aus dem März des Jahres 2011 vorerst nicht geben. Die Finanzierung eines solchen Projekts sei zurzeit schlichtweg nicht drin, heißt es, und überhaupt hat die Politik

dem „emissionsfreien Busverkehr bis 2020" die größte Priorität eingeräumt – wobei die HOCHBAHN im Linienverkehr bereits heute Busse mit Dieselhybrid- oder Brennstoffzellenantrieb einsetzt. Stadtentwicklung ist jedoch eine diffizile Angelegenheit, und nicht selten verändern sich Blickwinkel quasi über Nacht. Kenner der Materie gehen daher davon aus, dass Pläne für eine „Stadtbahn" schon bald wieder an Relevanz gewinnen könnten.

Wer heute den öffentlichen Nahverkehr nutzt, tut dies mit größter Selbstverständlichkeit. Denn mediale Aufmerksamkeit erfahren U- und S-Bahnen oder Busse in der Regel meistens nur dann, wenn zum Beispiel mal wieder die Fahrpreise erhöht werden müssen, wenn über ein Rauchverbot und das Verbot von Alkoholkonsum diskutiert wird, wenn Unglücksfälle oder Kriminalität für Schlagzeilen sorgen. Andererseits nehmen die Hamburger stets regen Anteil daran, wenn bestehende Linien geändert werden oder neue hinzukommen: wie die U4, die voraussichtlich im letzten Quartal des 100. Jubiläumsjahres die Hafencity mit dem bestehenden U-Bahn-Netz verbinden wird.

So ist die HOCHBAHN das traditionelle Schlüsselunternehmen, das für die Funktionsfähigkeit des Stadtorganismus, für die Weiterentwicklung der städtischen Struktur, für den Wirtschaftsstandort Hamburg und für den Schutz der Umwelt und des Klimas eine zentrale Rolle spielt. Sie ist einer der entscheidenden, wenn nicht sogar der wichtigste Pfeiler, auf dem alle zukünftigen Mobilitätskonzepte ruhen. Und so war und ist die spannende hundertjährige Geschichte dieses Unternehmens schon immer untrennbar mit der wechselvollen Entwicklung unserer Stadt verbunden gewesen. Sie soll nun an dieser Stelle erzählt werden.

Herzlichst

Ihr Lars Haider
Chefredakteur des Hamburger Abendblatts

INHALT

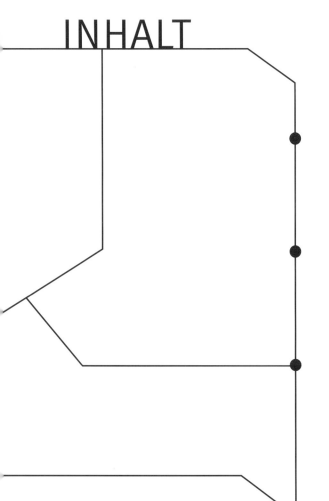

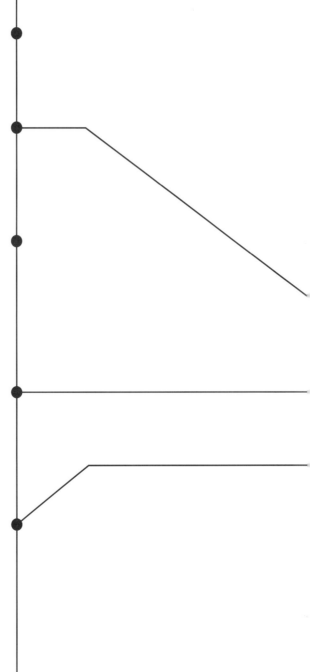

1842–1895

»METROPOLIS« – DAS MODERNE HAMBURG WIRD GEBAUT

1842–1895

Der Große Brand von 1842 zerstörte nahezu ein Drittel der Hamburger Altstadt.

Ohnmächtig mussten die Hamburger vom Jungfernstieg aus dabei zusehen, wie das Feuer ihre Stadt zerstörte.

Das Feuer brach am 5. Mai des Jahres 1842 gegen ein Uhr nachts im Hause des Tabakhändlers Eduard Cohen in der Deichstraße Nummer 44 aus. Doch obwohl es von den Nachtwächtern sofort bemerkt wurde und die Feuerwehr rasch zur Stelle war, waren die Flammen nicht aufzuhalten. Bereits vier Stunden später erreichten sie, begünstigt von Trockenheit und starken Winden, den Rödingsmarkt. Der Vorschlag der beiden obersten „Wittkittel", wie man die Männer an den Spritzen wegen ihrer weißen Beinkleidung nannte, des Oberspritzenmeisters Johann Ehlert Bieber und des Spritzenmeisters Adolph Repsold, mehrere Häuser für eine Feuerschneise zu sprengen, wurde vom amtierenden Polizeisenator Hartung zunächst abgelehnt. Stattdessen beorderte der Senat weitere Löschkräfte aus den Vorstädten Billweder und Hamm sowie aus Wandsbeck und Altona an die mittlerweile Hunderte von Brandherden in der Altstadt.

Erst als das Feuer gegen 15 Uhr den Hopfenmarkt erreichte und eine Stunde später auch der hölzerne Turm von St. Nikolai in sich zusammenstürzte (am Vormittag war in der Kirche noch ein Gottesdienst abgehalten worden!), entschloss sich der Senat zur „explosiven Brandbekämpfung". Doch es war zu spät, denn am Abend brannten alle Gebäude am Mönckedamm. Auch die Sprengung des Rathauses an der Trostbrücke am Morgen des 6. Mai mit insgesamt 800 Pfund Schwarzpulver brachte keinen Erfolg: Die Flammen fraßen sich erbarmungslos bis zum Neuen Wall und erreichten schließlich auch Hamburgs beliebteste Flaniermeile,

den Jungfernstieg, auf dem inzwischen zahlreiche Flüchtlinge mit ihrer buchstäblich letzten Habe kampierten. Hunderte von ihnen stürzten sich in Todesangst in die Alster, als die Promenadenbäume Feuer fingen. Erst mit der Sprengung der Häuser von Salomon Heine und Streit's Hotel konnte das Feuer am Gänsemarkt zum Stillstand gebracht werden.

Zu diesem Zeitpunkt herrschte in den engen Straßen der Hamburger Altstadt ein schier unbeschreibliches Chaos. Horden, die mit Äxten und Brechstangen bewaffnet waren, zogen marodierend durchs Viertel, das Militär musste eingesetzt werden, um diese Plünderungen zu verhindern; dazwischen behinderten sich Flüchtlinge und zahllose Schaulustige gegenseitig, und die vielen Fuhrleute, die von außerhalb nach Hamburg gekommen waren, um bei der Evakuierung zu helfen, nutzten die Notlage der Brandopfer schamlos aus, indem sie astronomische Preise für eine Fahrt heraus aus dem gefährdeten Stadtgebiet verlangten.

Am dritten Brandtag trieb der Wind das Feuer dann in nordöstlicher Richtung über den heutigen Ballindamm bis zum Glockengießerwall. Um zehn Uhr morgens stürzte auch das Dach der brennenden Petrikirche ein. Erst am Sonntagmorgen des 8. Mai konnte schließlich das letzte brennende Haus in der Straße Kurze Mühren gelöscht werden.

Die Bilanz des Großen Brandes war erschütternd: Nahezu ein Drittel der Hamburger Altstadt – 72 Straßen, 1100 Wohnhäuser sowie 102 Speicher – war durch das Feuer völlig zerstört worden; hinzu kamen zahlreiche öffentliche Gebäude,

Nur die wenigsten konnten sich für ihr gerettetes Hab und Gut einen der Fuhrleute leisten, die aufgrund der Notlage Mondpreise verlangten.

die durch die Flammen oder die Sprengungen vernichtet worden waren. Etwa 20 000 Hamburger waren obdachlos, 51 Tote waren zu beklagen und Hunderte von Verletzten.

Da fiel es nicht weiter ins Gewicht, dass ein wichtiges Ereignis der Hamburger Verkehrsgeschichte verschoben worden war: nämlich die Eröffnung der ersten Hamburger Eisenbahnstrecke. Diese führte nach Bergedorf und hätte am 7. Mai 1842 eigentlich dem Verkehr übergeben werden sollen. Anstelle von Ehrengästen beförderten die ersten Züge nun Flüchtlinge aus der brennenden Stadt heraus und Hilfsgüter und Feuerwehrleute nach Hamburg wieder hinein. Der planmäßige Betrieb wurde daher erst am 17. Mai aufgenommen – jedoch ohne pompöse Feierlichkeiten.

AUFBRUCHSTIMMUNG NACH DEM GROSSEN BRAND

Rund 113 000 Menschen hatten allein auf dem rund 4,6 Quadratkilometer großen Gebiet der (heutigen) Innenstadt gelebt, in einem Gewirr von engen Straßen und Gassen, die teilweise ungepflastert und schlammig waren, die meisten von ihnen in der Altstadt, die auf sumpfigem Untergrund gebaut worden war. Arbeiter, Händler, Handwerker und Dienstboten eilten geschäftig umher. Durch das Menschengewühl bahnten sich Fuhrwagen, Fuhrleute, die ihre Karren zogen sowie die Droschken der feineren Herrschaften, ihren Weg, doch in den „Gängevierteln" war die Bebauung so dicht, dass es nur zu Fuß voranging.

Zu diesem Zeitpunkt umfasste das Hamburger Stadtgebiet die heutige Innenstadt, St. Georg, St. Pauli und die locker bebauten Gegenden um den Grindel, Hohenfelde und Pöseldorf. Eppendorf, Eimsbüttel, Hamm, Hammerbrook, Uhlenhorst und Barmbeck waren noch kleine unbedeutende Dörfer außerhalb – die Stadt selbst platzte förmlich aus allen Nähten. Die südliche Stadtgrenze war die Elbe, im Westen, Norden und Osten war an den Wallanlagen Schluss. Hamburg war von holsteinisch-dänischem (und ab 1866 von preußischem) Gebiet umschlossen: Altona, Ottensen, Wandsbeck und Harburg (das jedoch zum Königreich Hannover gehörte) verhinderten eine gleichmäßige Ausdehnung der Stadt, die sich jedoch nun in Aufbruchstimmung befand. Denn die großflächige Zerstörung der von Fachwerkhäusern beherrschten Altstadt war das Signal für eine grundlegende Umgestaltung und Modernisierung des Stadtgebiets und seiner Infrastruktur. In den folgenden Jahrzehnten sollte sich Hamburg rasant in eine moderne europäische Metropole verwandeln.

Bis es so weit war, verwandelte sich die Stadt in eine einzige, riesige Baustelle. Vor allem rund um die „Kleine Alster" änderte sich das Stadtbild enorm. Unter der Federführung des englischen Ingenieurs William Lindley, eigentlich „nur" Berater, doch in der Praxis so etwas wie ein Oberbaudirektor ohne Titel, sowie der Unterstützung der Hamburger Architekten Alexis de Chateauneuf und Gottfried Semper wurde ein vollkommen neues Zentrum mit breiten Straßen und repräsentativen Plätzen geschaffen. Das Klosterstraßenfleet und

In den engen Gassen des Gängeviertels
konnten sich die Flammen rasch ausbreiten.

das Gerberstraßenfleet wurden zugeschüttet, die „Kleine Als-ter" wurde in ihre bis heute bestehende rechteckige Form ge-bracht, und auch der Platz für das neue Rathaus samt Rat-hausmarkt wurde vorbereitet und brachliegen gelassen. Bis zu dessen endgültiger Fertigstellung sollte es noch 55 Jahre dauern. Zahlreiche Kanäle und Fleete wurden verlängert, um Kohle, Rohstoffe und Baumaterial auf dem Wasserweg auch bis zu den neu entstandenen Industriebetrieben in den Hamburger Randbezirken transportieren zu können.

Lindley war es auch, dem Hamburg als erste Stadt auf dem europäischen Kontinent ein Wasserversorgungssystem sowie Abwasserkanäle – „Siele" genannt – unter der Erde ver-danken konnte.

Doch für diese baulichen Errungenschaften und die da-mit verbundene zunehmende Industrialisierung zahlten die meisten Menschen einen hohen Preis. Denn Zehntausende Arbeiter und ihre Familien waren nun gezwungen, sich nach Quartieren außerhalb der Hamburger Stadtwälle umzuse-hen. Allein durch den Bau der Speicherstadt, die 1888 ein-geweiht wurde und zum Freihafengebiet gehörte, verloren rund 24 000 Menschen auf der Kehrwieder-Wandrahm-Insel, in Steinwerder und am Kleinen Grasbrook ihre Wohnungen; zumeist arme Leute, die ihr Geld als Gelegenheitsarbeiter im Hafen verdienten. Und nach der verheerenden Choleraepi-demie im Jahre 1892, bei der mehr als 8000 Menschen star-ben, wurden weitere historisch gewachsene Quartiere wie die Gängeviertel, das Hafenviertel in der Neustadt sowie das

Im 19. Jahrhundert war Eppendorf noch ein Vorort für wohlhabende Bürger aus Hamburg, die dort ihren Landsitz errichteten.

Steinstraßenviertel in der Altstadt aus hygienischen Gründen planiert, wodurch weitere 20 000 Menschen ihre Bleibe verloren und gezwungen waren, an den Stadtrand zu ziehen.

HAMBURG AUF DEM WEG ZUR MILLIONENSTADT

Der „Funktionswandel" der Stadt war damit praktisch vollzogen. Hatten bis eben noch die traditionellen Kaufmanns- und auch Handwerkerhäuser Wohn-, Arbeits- und Lagerstätten unter einem Dach vereint, gab es in der wachsenden „Stadt in der Stadt" kaum noch Platz für (bezahlbare) Wohnhäuser. Der war in erster Linie den neuen imposanten Kontor- und Geschäftshäusern vorbehalten, in denen die „Hamburger Pfeffersäcke" emsig dafür sorgten, dass der Hafen um die Jahrhundertwende nach New York und London zum drittgrößten der Welt aufsteigen konnte.

Die zunehmende Industrialisierung hatte ebenfalls zur Folge, dass immer mehr Menschen vom Land in die Stadt strömten, wo sie sich im Hafen, auf den Werften und in anderen Industriebetrieben Arbeit erhofften. In dieser Zeit wuchs Hamburg in jedem Jahr um etwa 38 000 bis 40 000 Einwohner.

So entstanden in Eimsbüttel, Barmbeck, Horn oder Hammerbrook am Hamburger Stadtrand neben großzügigen Bürgerhäusern nun auch zahllose, hastig hochgezogene Mietskasernen, mit kleinen, zumeist dunklen, aber dafür ziemlich teuren Wohnungen, die sich die arbeitende Bevölkerung häufig nur dann leisten konnte, wenn sie ihren ohnehin knappen Wohnraum zusätzlich an „Kostgänger" vermietete. Die Folge: Im Jahre 1885 hausten durchschnittlich 1,5 Menschen in einem Zimmer. Die neuen Wohnungsbaugenossenschaften – als erste wurde im Jahre 1875 die „Schiffszimmerer Genossenschaft e. G." gegründet – mussten zunächst Kapital ansparen, um ab dem Jahre 1890 ihren Mitgliedern sukzessive menschenwürdigere Wohnungen zu verschaffen.

Hinzu kam ein weiteres, gravierendes Problem: Vom Stadtrand aus verlängerte sich der Weg zur Arbeit von 20 auf rund 90 Minuten und damit auf drei Stunden insgesamt. 1890 „pendelten" etwa 50 000 Frauen und Männer vom Stadtrand in den Freihafen – und das zu Fuß. Es gab zu dieser Zeit in Hamburg zwar schon so etwas wie einen „öffentlichen Personennahverkehr", doch nur die wenigsten Menschen konnten es sich leisten, die ersten Pferdeomnibusse und Straßenbahnen oder einen Alsterdampfer regelmäßig zu benutzen.

Mit der radikalen Umgestaltung der Hamburger Innenstadt wurden die Wege zur Arbeit länger. Doch die ersten öffentlichen Verkehrsmittel wie Pferdeomnibus und Alsterdampfer waren langsam und teuer.

DAS BERLINER UNTERNEHMEN SIEMENS ENTWICKELTE SICH
INNERHALB WENIGER JAHRZEHNTE VON EINER KLEINEN WERKSTATT
ZU EINEM DER WELTWEIT GRÖSSTEN ELEKTROUNTERNEHMEN

DER GENIALE ERFINDER

ERNST WERNER VON SIEMENS

Sicherlich darf man Ernst Werner von Siemens (13. Dezember 1816 – 6. Dezember 1892) zu den wichtigsten und einflussreichsten Deutschen in der jüngeren Geschichte zählen. Der gebürtige Niedersachse studierte an der Berliner Artillerie- und Ingenieursschule, beendete seine Ausbildung als Artillerieleutnant und verrichtete seinen Dienst zunächst in Magdeburg und später in der Garnison Wittenberg. Wegen der Teilnahme an einem Duell wurde er jedoch zu fünf Jahren Festungshaft verurteilt. Die Zeit im Gefängnis nutzte der hochbegabte Tüftler für eine Reihe von Erfindungen; unter anderem entwickelte er ein elektrisches Galvanisierungsverfahren. Nach seiner vorzeitigen Begnadigung unterstützte er dann die Kieler Bürgerwehr bei ihrem Kampf

gegen die dänischen Seestreitkräfte im Schleswig-Holsteinischen Krieg (1848–1851), indem er die ersten funktionstüchtigen ferngezündeten Seeminen in der Kieler Förde ausbringen ließ.

Am 12. Oktober 1847 hatte er mit dem Mechaniker Johann Georg Halske da schon die Telegraphen-Bauanstalt von Siemens & Halske gegründet, aus der später, nach dem Ausscheiden Halskes, die Siemens AG hervorgehen sollte – heute eines der größten Elektrounternehmen der Welt mit rund 400 000 Mitarbeitern in über 190 Ländern und einem jährlichen Geschäftsvolumen von etwa 80 Milliarden Euro.

Mit dem Bau der ersten Telegrafenleitung von Berlin nach Frankfurt im Jahre 1848 (wo die Deutsche National-

Der Erfinder und Industrielle Ernst Werner von Siemens (1816–1892) gilt als der Begründer der modernen Elektrotechnik.

Die erste von Ernst Werner von Siemens gebaute Elektrolok war ein einfaches Fahrgestell mit einem ummantelten Gleichstrommotor. Der „Lokführer" saß rittlings darauf. Die Maschine wurde 1879 als Demonstrationsobjekt für die Berliner Gewerbeausstellung konstruiert.

versammlung tagte) wurde das noch junge Unternehmen auf einen Schlag berühmt und bekam weitere Aufträge. Werner Siemens dachte damals jedoch schon in internationalen Kategorien. Er holte seine beiden Brüder Wilhelm und Carl ins Unternehmen. Doch nach dem Scheitern der Verlegung eines Seekabels von Cartagena nach Oran, das dem Unternehmen empfindliche Verluste bescherte, begann zwischen Halske, der risikoreiche Unternehmungen vehement ablehnte, und Siemens ein Streit, worauf im Jahre 1867 der Mitgesellschafter Halske aus dem Unternehmen ausschied. Der Firmenname blieb jedoch noch einige Jahrzehnte bestehen. Das Siemenssche Familienunternehmen erzielte auf vielen elektrotechnischen Arbeitsgebieten große Erfolge: 1879 baute Siemens & Halske in Berlin die erste elektrische Lokomotive und die erste elektrische Straßenbeleuchtung, 1880 den ersten elektrischen Aufzug in Mannheim, 1881 die erste elektrische Straßenbahn in Berlin-Lichterfelde und 1882 den ersten Oberleitungsbus der Welt in Berlin.

Darüber hinaus besaß Siemens auch als sozialer Unternehmer Weitblick: So „erfand" er mit der „Inventurprämie" für seine Angestellten und Arbeiter den Vorläufer der heutigen Erfolgsbeteiligung, denn eine normale Entlohnung erschien ihm nicht ausreichend: „Mir würde das Geld wie glühendes Eisen in der Hand brennen, wenn ich den treuen Gehilfen nicht den erwarteten Anteil gäbe", schrieb er seinem Bruder Carl. Neben altruistischen Motiven veranlassten

ihn jedoch auch firmentaktische Beweggründe zu diesen Gedanken: „Es wäre auch nicht klug von uns, sie leer ausgehen zu lassen im Augenblicke großer neuer Unternehmungen."

1872 gründete Siemens die Pensions-, Witwen- und Waisenkasse, an der sich auch Halske, der dem Unternehmen schon nicht mehr angehörte, beteiligte. Eine weitere bahnbrechende, sozialpolitische Maßnahme war der Neun-Stunden-Arbeitstag, den Siemens im Jahre 1873 einführte. Vorher waren zehn Stunden und mehr die Regel gewesen.

Der Firmengründer selbst erlebte jedoch nicht mehr mit, wie sein Unternehmen am 2. Mai 1896 in Budapest die erste U-Bahn auf dem europäischen Kontinent in Betrieb nahm, die auf seine Initiative hin entstanden war. Ursprünglich hatte Siemens sie zuerst für Berlin geplant. Da sich dort die lokalen Behörden jedoch nicht einigen konnten, ließ er diese ungarische „Milleniums-U-Bahn" als Demonstrationsobjekt für weitere U-Bahn-Netze bauen. 1902 fuhr das neue Massenverkehrsmittel dann aber auch endlich in Berlin – und selbstverständlich war Siemens & Halske an der Entwicklungsarbeit entscheidend beteiligt gewesen. Nicht zuletzt gaben diese hervorragenden Ingenieurleistungen den Ausschlag für die Entscheidung der Stadt Hamburg, Siemens & Halske als Teil eines Konsortiums mit der Berliner Allgemeinen Electrizitäts Gesellschaft – nach jahrelangem zähem Ringen – mit dem Bau der Hamburger U-Bahn zu beauftragen.

Der Adler, ab 1835 in England gebaut,
fuhr als erste Lokomotive einer
Eisenbahn auf deutschem Boden.

HAMBURG UND
»SEINE« EISENBAHNEN

1842–1895

Die Jungfernfahrt der „No. 1" von George Stephenson am
27. September 1825 auf der rund neun Meilen langen Strecke zwischen Stockton und Darlington in England gilt offiziell
als der „Beginn des Eisenbahnzeitalters". In Deutschland ver-
kehrte die erste Dampflokomotive, die legendäre „Adler", am
7. Dezember 1835 zwischen Nürnberg und Fürth. Nicht einmal
20 Jahre später existierten in Mitteleuropa bereits recht um-
fangreiche Schienenverkehrsnetze, aber aufgrund der „zer-
splitterten" Staatengemeinschaft auch zahllose Eisenbahnge-
sellschaften. Hamburg bildete da keine Ausnahme.

Die erste Eisenbahnlinie sollte hier am 7. Mai 1842 eröffnet werden. Die Strecke führte von den Deichtorhallen über
gut 14 Kilometer nach Bergedorf. Doch auf seiner Jungfernfahrt beförderte der Zug keine Ehrengäste, sondern Verletzte
und Obdachlose des Großen Hamburger Brandes. Der reguläre
re Betrieb wurde erst am 17. Mai 1842 aufgenommen. Vier Jahre später wurde dann die gesamte Strecke bis Berlin fertiggestellt. Die Fahrtzeit betrug damals etwa neuneinhalb Stunden.

Die Dänen eröffneten am 18. September 1844, dem Ge-
burtstag des dänischen Königs Christian VIII., die „Altonaer-
Kieler-Eisenbahn" in ihrem Herzogtum Holstein. 1845 ging
eine zweite Strecke nach Glückstadt in Betrieb. Das Eingangsportal des alten Bahnhofsgebäudes in Altona ist übrigens erhalten geblieben: Es handelt sich dabei um die Rückseite des
jetzigen Altonaer Rathauses.

Am 1. Mai 1847 wurde die Strecke von Harburg nach Hannover (Lehrte) durch die „Königlich Hannöverschen Staatsei-

Der Hannoversche Bahnhof war ab 1872
Endhaltepunkt der geplanten Fernstrecke
ins niederländische Venlo.

Der Bahnhof Klostertor (rechts) war Hei-
matbahnhof der Altona-Kieler Eisenbahn.

senbahnen" in Betrieb genommen. Die nächste „Fernstrecke"
zwischen Hamburg und Lübeck wurde am 1. August 1865 durch
die Lübeck-Büchener Eisenbahngesellschaft freigegeben.

Ab dem 16. Juli 1866 wurden durch die „Verbindungsbahn", die heute als Urmutter der S-Bahn gilt, die drei Hamburger Fernbahnhöfe Klostertor, Berliner Bahnhof und
Lübecker Bahnhof, die alle in der unmittelbaren Umgebung
des späteren Hauptbahnhofs lagen, mit dem Altonaer Bahnhof verbunden. Nach der Niederlage der Dänen an den
Düppeler Schanzen im Jahre 1864 hatte Altona zunächst unter preußisch-österreichischer Verwaltung gestanden. Zwei
Jahre später besiegte Preußen die Österreicher, und das gesamte Schleswig-Holstein wurde preußische Provinz und ab
1871 Teil des Deutschen Reiches.

Am 19. Mai 1867 wurde der Personenverkehr auf der Strecke Altona–Blankenese aufgenommen. Diese eingleisige
Nebenstrecke der „Altona-Kieler Eisenbahn" führte von Westen kommend in den Bahnhof Altona hinein und hatte keinen
unmittelbaren Anschluss an die Verbindungsbahn.

Im Jahre 1872 wurde schließlich auch der neue Venloer
Bahnhof – das niederländische Venlo sollte Endhaltepunkt der neuen europäischen Fernstrecke sein –, der auch
Hannoverscher Bahnhof oder Pariser Bahnhof genannt
wurde, ins Streckennetz der Verbindungsbahn integriert. Ab
dem 1. Dezember jenes Jahres konnte man also endlich mit
dem Zug über die Elbbrücken von Hamburg nach Harburg fahren. Von dort ging es dann entweder weiter nach Hannover,

ab dem Jahre 1874 auch nach Bremen und wiederum drei Jahre später auf der „Niederelbebahn" bis nach Cuxhaven.

Ab 1876 führte eine Hafenbahn zum Elbufer hinab, für die
später der längste Eisenbahntunnel Norddeutschlands, der so
bezeichnete „Schellfischtunnel", gebaut wurde (er wurde erst
1992 stillgelegt). Am 1. Dezember 1883 wurde die Eisenbahnstrecke Blankenese–Wedel von der Altonaer-Kieler Eisenbahn
in Betrieb genommen, die 1884 verstaatlicht wurde. Altona be-
herbergte nun eine „Königlich Preußische Eisenbahn-Direk-
tion". Im selben Jahr erreichte auch die „Altona-Kaltenkirchener Eisenbahn-Gesellschaft" die (noch) dänische Nachbarstadt
Hamburgs. Ihr Endbahnhof lag am Gählersplatz (heute Holsten-
straße/Paul-Roosen-Straße). Die AKEG sollte die Ortschaften
östlich der Eisenbahnlinie Altona–Kiel erschließen und vor allem für den profitablen Transport des bei Quickborn gestoche-
nen Torfs sorgen. Die Schienentrassen waren in der Kieler Straße und in der Holstenstraße – die Gleise der Verbindungsbahn
wurden mit sogenannten Klappschienen überbrückt. Am 8. September 1884 begann der Personenverkehr auf dieser Strecke.

Im Jahre 1888 wurde die Verbindungsbahn erstmals als
„Vorortstrecke" aufgeführt. Auf den Stadtbahnstrecken zahlten die Fahrgäste jetzt einen gegenüber dem Fernverkehr ermäßigten Tarif.

Am 8. April 1889 erließ Preußen ein neues Gesetz über den
Umbau der Eisenbahnanlagen in Hamburg und Altona. Da-
rin enthalten waren unter anderem der Neubau eines neuen
Hauptbahnhofs für Altona sowie der viergleisige Ausbau der

Der am 6. Dezember 1906 eröffnete Hauptbahnhof ist heute mit bis zu 450 000 Reisenden und Besuchern pro Tag der meistfrequentierte Personenbahnhof Deutschlands. Gemessen an seiner Bedeutung ist der Bahnhof mit seinen lediglich acht Fernbahngleisen jedoch relativ klein.

Verbindungsbahn. Im Oktober 1893 wurden der Bahnhof am Gählersplatz und die Schienentrasse durch die Holstenstraße beseitigt. Der neue „Altona-Kaltenkirchener Bahnhof" befand sich jetzt unmittelbar südlich der Verbindungsbahn im Dreieck aus Holstenstraße, Alsenstraße und Verbindungsbahn – und die Gleise wurden jetzt unter der Verbindungsbahn hindurchgeführt.

1895 eröffnete die „Bahnhofsmission" ihre Hamburger Dependance. Nach zehnjähriger Bauzeit wurde der neue

Altonaer Hauptbahnhof am 30. Januar 1898 eröffnet. Am 30. Dezember desselben Jahres wurde zwischen Hamburg, Preußen und der Lübeck-Büchener Eisenbahngesellschaft ein Abkommen geschlossen, das einen neuen, zentralen Hauptbahnhof vorsah sowie den viergleisigen Ausbau der Verbindungsbahn und ihre Verlängerung bis Hasselbrook. Dabei sollte das nördliche Schienenpaar ausschließlich dem Personennahverkehr vorbehalten sein. Ebenfalls in diesem Jahr wurde die Strecke Altona–Kaltenkirchen bis Bramstedt

Am 30. Januar 1898 wurde nach zehnjähriger Bauzeit der neue Altonaer Bahnhof eröffnet. Mit seinen beiden imposanten Türmen wurde er zum Wahrzeichen der damals preußischen Stadt.

(heute Bad Bramstedt) verlängert (erst im Jahre 1916 erreichte diese Strecke Neumünster-Süd).

Im Jahre 1900 wurden die Gleise der alten Verbindungsbahn auf Dämme gelegt, um den Eisenbahnverkehr, der bis dahin Straßen gekreuzt hatte, zügiger und ungefährlicher zu gestalten. Zwischen Altona und dem zukünftigen Hauptbahnhof wurde ein zusätzliches Gleispaar für eine neue Bahn verlegt, die zwischen Blankenese und Hasselbrook verkehren sollte.

Am 1. Oktober 1904 wurde der Betrieb einer Strecke vom Bahnhof Altrahlstedt der Lübeck-Büchener Eisenbahn in die Hamburgischen Walddörfer aufgenommen – mit elektrisch angetriebenen Oberleitungswagen –, und am 12. Dezember 1904 wurde der Ohlsdorfer Vertrag über die Vorortbahn geschlossen. Er sah vor, die elektrisch betriebene Bahnstrecke von Hasselbrook über Barmbeck bis Ohlsdorf zu verlängern, wo auch das Bahnbetriebswerk entstehen sollte, sowie in Barmbeck und in Ohlsdorf zusätzlich jeweils einen Güterbahnhof zu bauen.

Am Nikolaustag des Jahres 1906 fuhren dann die ersten planmäßigen Züge im neuen Hamburger Hauptbahnhof ein. Sechs Gleispaare und fünf Bahnsteige waren im Gleisbett, das im ehemaligen Stadtgraben lag, eingelassen worden. Darüber wölbte sich eine 37 Meter hohe und 140 mal 120 Meter lange und breite, zum Teil freitragende Halle aus Glas und Stahl. Der Bau dieses damals größten Hallenbahnhofs Deutschlands hatte 38 Millionen Mark gekostet. Am selben Tag wurde auch der durchgehende Verkehr auf der Gesamtstrecke

Blankenese–Ohlsdorf über Barmbeck, Wandsbeck, Hauptbahnhof und Altona in Betrieb genommen. Die offizielle Bezeichnung dieser Bahn lautete „Hamburg-Altonaer Stadt- und Vorortbahn", den Streckenabschnitt zwischen Barmbeck und Ohlsdorf nannten die Hamburger freilich „Friedhofsbahn". Bis zur Mitte des Jahres 1907, als die ersten elektrischen Triebwagen geliefert wurden, fuhren die Vorortzüge noch unter Dampf, ab dem 29. Januar 1908 wurde der Betrieb komplett auf Strom umgestellt.

In den Jahren 1907 bis 1912 gingen weitere Eisenbahnstrecken in und um Hamburg in Betrieb. Dabei handelte es sich um die 13,5 Kilometer lange eingleisige Strecke zwischen Bergedorf-Süd und Geesthacht (die erst im Jahre 1953 eingestellt wurde); eine Teilstrecke der Südstormarnschen Kreisbahn (Trittau–Glinde–Billbrook–Tiefstack) sowie die Erweiterung der Kleinbahnstrecke von Altrahlstedt über Volksdorf bis nach Wohldorf, wo ein recht großer Endbahnhof mit Güterabfertigung, Wagenhalle und Rangiergleisen gebaut worden war. 1912 wurde die eingleisige Vierländer Bahn mit einer Streckenlänge von 10,8 Kilometern eröffnet. Sie zweigte von der Strecke der Bergedorf-Geesthachter Eisenbahn ab und führte über Curslack-Neuengamme und Neuengamme bis nach Zollenspieker (1953 wurde auf dieser Strecke der Personenverkehr eingestellt, 1961 auch der Güterverkehr). In diese letzte Periode des Ausbaus des Hamburger Eisenbahnnetzes fiel dann am 27. Mai 1911 die Gründung der Hamburger Hochbahn AG – der HOCHBAHN.

STEPHANSPLATZ

NÄCHSTER HALT

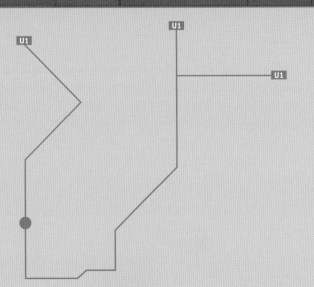

Mit dem Bau der unterirdischen Haltestelle Stephansplatz in den 1920er-Jahren wollte die HOCHBAHN zeigen, dass sie technisch und künstlerisch auf der Höhe der Zeit war.

Die Architekten Hermann Distel und August Grubitz spendierten der Haltestelle als einziger auf der Strecke neben den „normalen Zugängen" am Stephansplatz ein oberirdisches Eingangsgebäude am Eingang zu Planten un Blomen. Ein Flachdach überdeckte die Treppenanlage und beiderseits angeordnete Pavillons. Die schmalen

Seinen Namen verdankt der Stephansplatz General-
postdirektor Heinrich von Stephan (1831–1897),
dem Gründer des Weltpostvereins und Organisator
des deutschen Postwesens. Die U-Bahn-Haltestelle
wurde im Jahre 1929 eröffnet.

Fensterbänder unter dem Flachdach tren-
nen optisch die Außenwände von der über-
stehenden Dachplatte und bewirken den
leichten und transparenten Charakter des
Gebäudes.

Im Gegensatz zu den Haltestellen der
Ringlinie besitzen alle Haltestellen der Strecke Zugänge von beiden Enden der Bahnsteige. Schlichte Brüstungsmauern mit orna-
mentierten Eisengeländern und geradlinige
Pfeiler am Treppenanfang mit eckigen Leuchten und Transparentkästen zeugen in ihrer
Klarheit und Strenge von der klassischen
Moderne der 20er-Jahre.

Mit dem Haltestellengebäude am Stephansplatz besitzt Hamburg eines der
schönsten Gebäude des Neuen Bauens,
das die Prinzipien dieses Stils beispielhaft
aufzeigt: die Betonung reiner Volumina,
schnörkellose Fassaden und die Funktionalität der Bauten. Leider werden die Fassaden
immer wieder mit Graffitis verschönert oder
verschandelt – das bleibt immer dem Augen
des Betrachters überlassen.

1895 – 1906

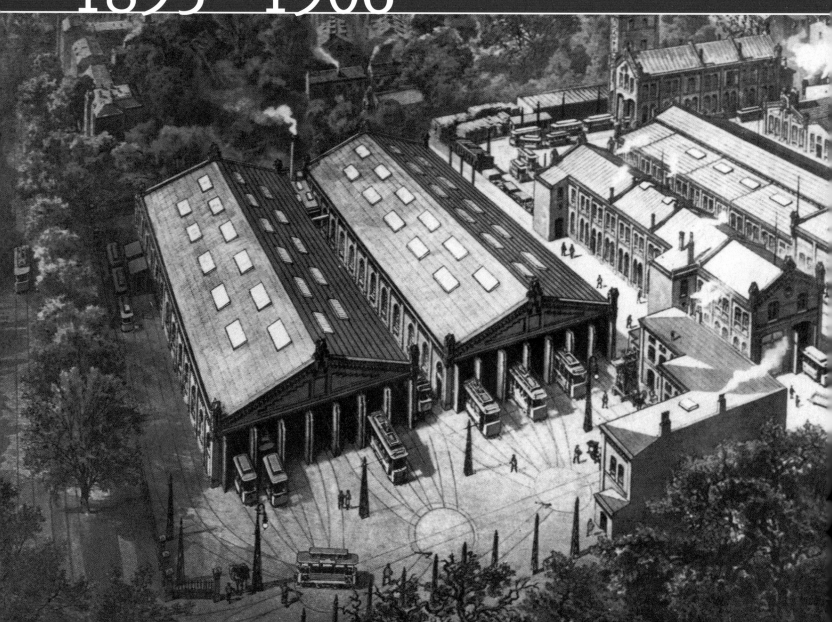

DIE BEVÖLKERUNG HAMBURGS WÄCHST JÄHRLICH UM RUND 40 000 MENSCHEN,
DIE IHRE ZUKUNFT IN DER STADT ZU FINDEN HOFFEN

»EINE SCHNELLBAHN MUSS HER!«

1895–1906

Die JOURNALIÈRE von HAM & HORN.

Buchdruckerei und Leihbibliothek von J. B. Appel.

Journalière von Ham und Horn!

Steindr. v Carl Hertz, A.B.C. strasse No. 19.

Wer es sich leisten konnte, verzichtete zu Beginn des 19. Jahrhunderts möglichst auf weite, zeitraubende Reisen. Von Hamburg nach Berlin war man mit der Kutsche schließlich rund 36 Stunden unterwegs, nach Bremen zwölf Stunden und nach Lübeck immerhin noch acht Stunden. Auch die Fahrt vom holsteinisch-dänischen Wandsbeck sowie anderen Dörfern um Hamburg herum in die Stadt war kein besonderes Vergnügen. Das änderte sich erst, als Anfang der 1830er-Jahre die ersten Chaussee- und Verbindungsstraßen nach Wandsbeck, Eppendorf, Groß-Borstel, Hamm, Horn, Eimsbüttel, Hoheluft und im Jahre 1836 schließlich auch nach Barmbeck gepflastert wurden. Damit waren buchstäblich die Grundsteine für einen öffentlichen Personennahverkehr gelegt, und die ersten Vorläufer des Pferdeomnibusbetriebs ließen auch nicht lange auf sich warten: Bereits im Sommer 1835 hatte der Besitzer des Lokstedter Lokals „Museum" seinen Wagen, eine vierspännige englische Landkutsche, dreimal täglich zum Gänsemarkt fahren lassen. Ab 27. Juli desselben Jahres fuhr auch der Pferdeomnibus „Journalière von Ham und Horn" des Gasthofeigentümers vom Schinkenhof, Johann August Jahns junior, zweimal täglich zwischen der Horner Landstraße und der Petrikirche in Hamburg. Die zweispännig gefahrene, gedeckte Kutsche mit Seiteneinstieg bot bis zu 20 Fahrgästen Platz. Dieser Betrieb wurde ein paar Jahre später von Basson & Compagnie übernommen, dem ersten „richtigen" Linien-Pferdeomnibus-Unternehmen, das am

31. Oktober 1839 mit vier in England gebraucht erworbenen Pferdebussen seine erste Linie „Von der Steinstraße nach der Palmaille" in Betrieb nahm. Es handelte sich um eine internationale Strecke mit Zollformalitäten, denn Altona war damals schließlich die zweitgrößte (!) dänische Stadt, die dem skandinavischen Königreich den Überseehandel über die Nordsee ermöglichte. Kurz darauf bedienten Basson & Compagnie auch die Strecken nach Hamm und Horn (einmal täglich) sowie sechsmal täglich nach Wandsbeck. Die Fahrt in den von Pferden gezogenen Mehrpersonenkutschen war nicht billig. Sie kostete vier Schilling – der Kutscher selbst bekam damals für eine Zwölf-Stunden-Schicht gerade mal 32 Schilling (etwa 1,50 Euro).

Die Anzahl der Fuhrbetriebe wuchs, die Zahl der Strecken ebenfalls. Zwanzig Jahre nach der Premiere dieses „modernen Stadtverkehrsmittels" wurden auf den Strecken immerhin schon 136 000 Fahrgäste jährlich gezählt. In jenem Jahr – 1859 – wurde nach zwei gescheiterten Versuchen mit Raddampfern mit dem kleinen Dampfboot „Alina" auch der Linienverkehr (neunmal täglich) auf dem Wasser zwischen dem Anleger Jungfernstieg und Eppendorf aufgenommen. Kaum ein Jahr später waren es bereits sechs Alsterdampfer, und auch über die Elbe fuhren nun die ersten Personenfähren, unter anderem nach Cranz und Finkenwerder, die ab dem Jahre 1888 unter dem Dach der Hafen-Dampfschiffahrts-Actien-Gesellschaft (HDAG, später HADAG) einen „Liegeplatz" erhielten.

Die Pferdeomnibusse gelten als Vorläufer der Straßenbahn. Zu Fuß war man jedoch meistens schneller.

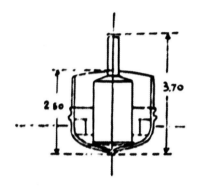

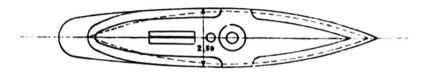

Abb. 394. Verkleinerte Wiedergabe der Konstruktionszeichnung, nach welcher der Alsterdampfer „Alina" im Jahre 1859 auf der Reiherstieg-Schiffswerft gebaut worden ist

Privatbesitz Zeichnung des Direktor Ferber der Reiherstieg-Schiffswerft

MIT DAMPF AUF DIE STRASSE

Der 1. Dezember 1880, an dem ein gewisser Johann Andreas Culin, damals 54 Jahre alt, die Straßen-Eisenbahn-Gesellschaft (SEG) gründete, war ein bedeutender Tag für Hamburg. Denn mit dem allgemeinen Wirtschaftswachstum stieg auch die Einwohnerzahl der Stadt rasant – und stetig. Diese Entwicklung schrie geradezu nach einem funktionierenden öffentlichen Nahverkehr. So gab es auf den Linien der SEG von Anfang an feste Haltestellen, was für die Hansestadt ein Novum bedeutete. Und damals fiel auch erstmals der Begriff „Straßenbahn", auch wenn die Wagen noch vorwiegend von Pferden gezogen wurden.

Die neue Gesellschaft hatte sich „gut aufgestellt". Sie baute ihr Netz zügig aus, verdiente prächtig und konnte schon nach gut einem Jahr mit der Pferde-Eisenbahn-Gesellschaft einen großen Mitbewerber schlucken. Wegen der Erfindung des Dampfdruckkessels ging es nun auch schneller voran – so schnell, dass bereits im Jahre 1885 zu wenige

Triebwagen zur Verfügung standen, da die Hersteller wegen der enormen Nachfrage nicht mehr pünktlich liefern konnten. Daher entschied sich die SEG, ihre „Straßenbahn"-Waggons in Zukunft selbst zu bauen. Zunächst begann man im Betriebshof Wendemuth in Wandsbeck mit der Fertigung, bevor man im Jahre 1892 die Waggonproduktion zum Falkenried verlegte. Dennoch konnte sich die dampfgetriebene Straßenbahn in Hamburg nie so richtig durchsetzen – die von Pferden gezogenen Waggons gehörten noch bis etwa 1920, als die Elektrifizierung der Straßenbahn abgeschlossen wurde, zum Stadtbild.

Dabei gab es längst leistungsfähige Elektromotoren und Generatoren. Schon in den Jahren 1893 und 1894 setzte die SEG elektrisch betriebene Straßenbahnwagen auf ihrer Ringstrecke rund um die Alster ein (die ab dem Jahre 1900 als „Linie 26" bezeichnet wurde und im Wesentlichen bis zum Jahre 1942 existieren sollte). Um die Jahrhundertwende fuhren bereits über 400 Straßenbahnwagen auf Hamburgs Straßen mit Strom, und erstmals durften die Triebwagen einen Beiwagen mitführen. Dafür wurden zunächst die alten Pferdebahnwagen verwendet. Und auch wenn viele Honoratioren der Hansestadt angesichts der notwendigen Oberleitungen um das Stadtbild fürchteten, war klar, dass dem Strom die Zukunft gehörte.

Die Straßenbahn beförderte damals etwa 120 Millionen Fahrgäste jährlich durch Hamburg (was etwa 330 000 Passagieren täglich entspricht). Trotz dieser imposanten Zahl galt sie jedoch als nicht leistungsfähig genug. Die Straßenbahn

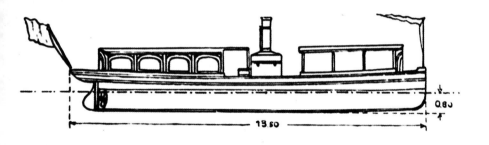

Der erste Alsterdampfer „Alina" war gerade mal 13,50 Meter lang, 2,50 Meter breit und für 50 Passagiere zugelassen. Er erreichte eine Geschwindigkeit von etwa acht km/h – und war damit etwa genauso schnell wie die ersten elektrischen Straßenbahnen.

Schon Anfang des 20. Jahrhunderts war den Stadtplanern bewusst, dass die Straßenbahn allein das erhöhte Pendleraufkommen nicht würde meistern können.

besaß weder genügend Kapazitäten für die vielen Berufs-
pendler, noch war ihre Geschwindigkeit ausreichend. Sie rüt-
telte mit gemütlichen sechs km/h auf den neuartigen „ein-
teiligen Rillen-Schienen" (einer Erfindung des Sohnes des
SEG-Gründers Culin, Andreas Culin) durch die Stadt, aber das
war auch nicht sehr viel schneller als ein Fußgänger. So begannen einige Hamburger Stadt- und Verkehrsplaner der ersten Stunde, sich Gedanken über ein zukunftsträchtiges Massenverkehrsmittel zu machen, mit dem die Stadt schneller in
Richtung Zukunft steuern könnte.

IN HAMBURG HEISST ES „ZURÜCKBLEIBEN, BITTE!"

Während in London (seit 1863/1900), in New York (ab 1877)
Liverpool (ab 1893) und Glasgow (ab 1896) bereits U-Bahnen
die Menschenmassen mit „atemberaubender Geschwindigkeit" unter der Erde und über Viadukte von A nach B transportierten, nahm man sich in Deutschlands beiden größten
Metropolen, Berlin und Hamburg, viel Zeit mit der Einführung
des zukunftsträchtigen Verkehrsmittels. Am Ende hatte Berlin
die Nase um zehn Jahre vorn, wo der technikbegeisterte Kaiser Wilhelm II. im Jahre 1893 per Kabinettsorder grünes Licht
für den Bau der ersten deutschen U-Bahn gab, die neun Jahre
später in Schöneberg ihren Betrieb auf einer zunächst elf Kilometer langen Strecke aufnahm.

Erstaunlicherweise hatte sich der preußische Beamten-
staat dynamischer und risikofreudiger verhalten als die be-
häbige Hamburger Verwaltung, die sich zu diesem Zeitpunkt
noch immer auf dem Stand von 1860 befand, als die Stadt
„nur" 200 000 Einwohner zählte und das Wachstum erheblich unter der Torsperre litt. Andererseits bot sich den Hamburgern damit auch die Chance, aus den Fehlern der Berliner
Vorfahrer zu lernen.

Um diese Zeit – in den letzten Jahren des ausgehenden
19. Jahrhunderts – existierten in der Hansestadt mehrere Verkehrskonzepte nebeneinander, die in der hamburgischen
Verwaltung sowie der Bürgerschaft und dem Senat ausgesprochen gründlich durchdacht und immer wieder diskutiert
wurden. Eines stammte aus dem Jahre 1896, vom Leiter des
Hamburger Ingenieurwesens, Franz Andreas Meyer. Seine
oberirdische, dampfbetriebene Alsterringbahn sollte als Erweiterung der Verbindungsbahn von der Sternschanze über
Eppendorf, Winterhude, Barmbeck und Hasselbrook entlang
der Trasse der Lübecker Bahn bis zu den damals noch vorhandenen Wallanlagen am Steintor geführt werden. Zurück wäre
es dann parallel zur Verbindungsbahn wieder bis zur Sternschanze gegangen. Eine Zweiglinie sollte Ohlsdorf mit seinem Hamburger Zentralfriedhof an die Innenstadt anbinden.
Doch Meyers Trassenführung berücksichtigte weder den Hafen, noch hätte sie das Hamburger Kerngebiet verkehrstechnisch erschlossen. Und darüber hinaus waren Dampflokomotiven für den Tunnelbetrieb denkbar ungeeignet.

Etwa zur gleichen Zeit präsentierte der Kölner Ingenieur
Eugen Langen von der Firma Van der Zypen & Charlier seine

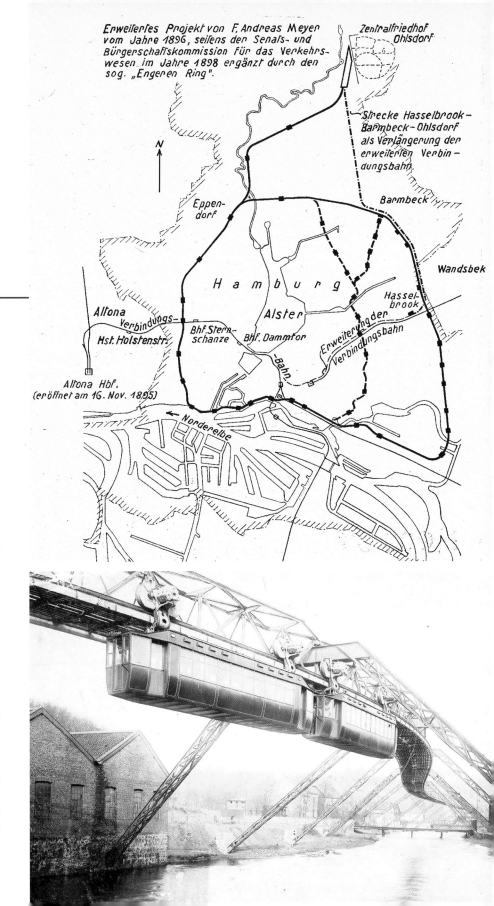

Zwei Verkehrskonzepte, die sich in Hamburg nicht durchsetzen konnten: Die Ringbahn des Ingenieurs Meyer berücksichtigte den expandierenden Hafen nicht, die Schwebebahn (die in Wuppertal in Betrieb ist) war dem Senat zu teuer.

Erfindung der Schwebebahn. Die Stadt Wuppertal erteilte der Continentale Gesellschaft für Elektrische Unternehmungen aus Nürnberg den Auftrag, diese Schwebebahn zu bauen – Hamburg dagegen lehnte dieses Verkehrskonzept aus Kostengründen ab.

1899 ging auch die SEG, die mit ihren Straßenbahnen den damals wichtigsten Teil des öffentlichen hamburgischen Personennahverkehrs betrieb, mit einem attraktiven Angebot ins Rennen: Sie erklärte sich bereit, nicht nur die Kosten für den Bau einer „Unterpflasterstraßenbahn" (einer Mischung aus Straßen- und U-Bahn) mit Anschluss an das bestehende Straßenbahnnetz der SEG zu übernehmen, sondern wollte sich auch an den Baukosten des geplanten Hauptbahnhofs beteiligen. Im Gegenzug sollte Hamburg die Konzession des Straßenbahnbetriebs erweitern und verlängern. Technisch war gegen diesen Plan nichts einzuwenden.

ZÄHES RINGEN UM DEN AUFTRAG

Die beiden Hamburger Ingenieure C.O. Gleim und Th. Avé-Lallement hatten im Auftrag der Berliner Siemens & Halske AG und der AEG schon im Jahre 1894 einen Konzeptentwurf für eine elektrifizierte U-Bahn ausgearbeitet. Ihre Trasse führte am Hafen entlang, durchschnitt die Altstadt, berührte alle wachsenden Stadtteile rund um die Alster und sah bereits zahlreiche Erweiterungslinien vor. 1898 eröffneten die beiden Berliner Unternehmen ein Büro in Hamburg in der

Als man in Hamburg noch über ein unterirdisches Verkehrsmittel nachdachte, rauschte in London die U-Bahn bereits durch die Tunnel.

Kaiser-Wilhelm-Straße, dessen Leitung der noch junge Regierungsbaumeister a. D. Wilhelm Stein übernahm. Die modifizierten Pläne wurden den politischen Entscheidungsträgern vorgelegt – überdies verfügten die Berliner durch den Bau der Budapester U-Bahn über praktische Erfahrungen. Aber durfte man die SEG als gesundes, finanzstarkes und vor allem hamburgisches Verkehrsunternehmen bei diesem gewaltigen Projekt einfach übergehen?

Auf Initiative des Bürgermeisters Mönckeberg taten sich daher die Berliner Unternehmen Siemens & Halske AG und AEG mit der SEG zusammen und legten im November 1901 einen gemeinsamen Plan für ein Hamburger Schnellbahnnetz vor. Nach ihren Vorstellungen sollte eine gemeinsam zu gründende „Bau- und Betriebsgesellschaft für die Stadt- und Vorortsbahnen" die neue Schnellbahn konstruieren und deren Betrieb übernehmen.

Ein Jahr später berief die Bürgerschaft einen Prüfungsausschuss, der sich mit den gemeinsamen Plänen des Berliner Konsortiums und der SEG befasste, aber auch noch einmal mit dem Schwebebahnprojekt. Damit begann ein zweijähriger Sitzungs- und Verhandlungsmarathon, an dem die Unternehmen, die Politik und nicht zuletzt auch Dutzende von Gutachtern beteiligt waren. Einige dieser Sitzungen, so ist es jedenfalls den Protokollen zu entnehmen, endeten im Tumult. Vermutlich lag dies unter anderem daran, dass die SEG im Zuge ihrer eigenen Planungen eine „Unterpflasterstraßenbahn" vorgestellt hatte, mit der sie die Nachteile der Straßen-

bahn kompensieren wollte: das Schritttempo in einigen Innenstadtbereichen sowie die langen Fahrtzeiten in die Peripherie der Stadt. Doch Bürgermeister Mönckeberg wischte diesen Vorschlag mit der Bemerkung, das alles sei bloß „halber Kram" vom Tisch. Er „okkupierte" kurzerhand die Tunnelidee für die U-Bahn; dies allerdings auch auf massiven Druck der Hamburger Bürgerschaft, in der die Straßenbahngesellschaft keinen besonders guten Ruf besaß. Tatsächlich genoss die Rentabilität bei der SEG Vorrang vor der bedarfsgerechten Versorgung der zahlreichen Wohnquartiere in der Stadt. Doch die Parlamentarier bestanden hartnäckig darauf, auch diese Gebiete bei der Streckenführung zu berücksichtigen, um deren Besiedelung zu fördern. So wurden schließlich im Jahr 1904 sowohl eine Beteiligung der SEG an der neuen Schnellbahn als auch das Schwebebahnprojekt vom Stadtparlament endgültig abgelehnt, und die Hoch- und Untergrundbahn machte das Rennen. Sie sollte in den noch „unerschlossenen" Wohngebieten auf Erdwällen fahren, die weit günstiger errichtet werden konnten als die stählernen Trassen einer Schwebebahn oder Tunnel.

Den Bau der Bahn auf Kosten des Staates sollten Siemens & Halske und die AEG übernehmen, der Betrieb sollte später öffentlich ausgeschrieben werden. Exakt zehn Jahre nach der ersten Vorlage seiner Entwürfe war das Berliner Konsortium damit als Sieger aus dem Wettbewerb hervorgegangen.

Aber damit war das Projekt noch immer nicht in trockenen Tüchern. Es gab noch zahlreiche Fragen zu klären: Wer würde

die künftige Hoch- und U-Bahn betreiben? Und wie würde die endgültige Trasse aussehen? Inzwischen hatten ja schon mehrere Stadtteile (Eimsbüttel, Hammerbrook, Billwerder, Eilbeck und Uhlenhorst) ihren Anspruch auf einen Bahnanschluss angemeldet. Und wie lange würde der Betreibervertrag gelten?

Während die Bürgervereine in den Stadtteilen nun zumeist mit Petitionen versuchten, Einfluss auf den Trassenverlauf zu nehmen, liefen breits Vorarbeiten für den Bau an, zum Beispiel wurden in der Straße Vorsetzen im Zuge einer Sielerneuerung praktischerweise gleich die Betonfundamente fürs geplante U-Bahn-Viadukt gegossen. Einige Hamburger

konnten ihre Grundstücke und Gebäude, die auf der geplanten Trasse lagen, gewinnbringend veräußern. So etwa die Besitzer des Hotels „Weidenhof" am Burstah, die noch im Jahre 1906 (!), also bereits nach Beginn der Bauarbeiten, volle 700 000 Mark Entschädigung bekamen und damit eine Rendite von 60 Prozent innerhalb von nur sechs Jahren erzielen konnten. Andere Immobilienbesitzer verloren dagegen mit der öffentlichen Bekanntgabe des Trassenverlaufs nicht nur Mieteinnahmen durch zunehmenden Leerstand, sondern mussten praktisch ohnmächtig mit ansehen, wie ihre Häuser rapide an Wert verloren, je länger sich die Planungen hinzogen (auch später verzögerten einige Verhandlungen zwischen der Stadt

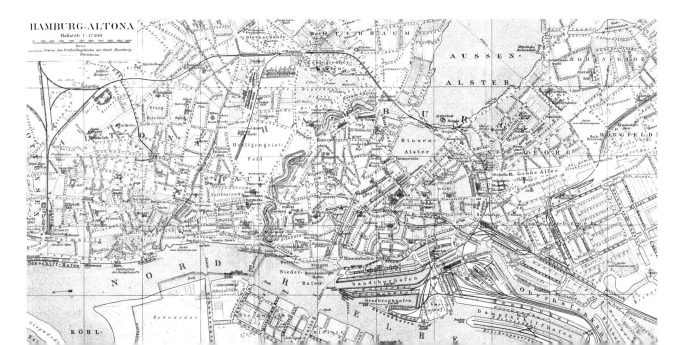

Ein Konzeptentwurf der „Verbindungsbahn" zwischen Altona und dem Bahnhof Klostertor – der Vorläuferin der heutigen S-Bahn.

Die Bauarbeiten für die Ringlinie der Hamburger Hochbahn begannen im heutigen Stadtteil Hohenfelde. Lorenbahnen transportierten das Baumaterial.

und betroffenen Hauseigentümern den Bau der Schnellbahn immer wieder, zum Beispiel in der Güntherstraße in Hohenfelde, wo die Arbeiten an der Lorenbahn, den Gerüsten und Brücken dadurch immer wieder unterbrochen werden mussten).

Erst ein Jahr später, im November 1905, legte eine Expertenkommission aus zwei Vertretern der Stadt sowie zwei Vertretern des Berliner Konsortiums (Dr. Ing. Heinrich Schwieger, Direktor der Siemens & Halske AG, und Regierungsbaumeister a. D. Wilhelm Stein) der Senatskommission für die Stadt- und Vorortsbahnen einen gemeinsam überarbeiteten Senatsantrag für den Bau der Hoch- und Untergrundbahn vor, über den die Hamburger Bürgerschaft abstimmen sollte.

BERLIN GEWINNT

Das Parlament benötigte noch einmal sechs Plenarsitzungen, bevor es das Schnellbahnprojekt am 4. Dezember 1905 im Wesentlichen genehmigte und die Bauzeit auf fünf Jahre für die Ringlinie und auf weitere drei Jahre für die Nebenstrecken festsetzte. Fünf Monate und einige weitere Änderungsanträge später, am 2. Mai 1906, fassten Senat und Bürgerschaft mit 115 zu 13 Stimmen einen gemeinsamen Beschluss, einen Monat später, am 1. Juni 1906, genehmigte der Senat auch den Bauvertrag: Für die feste Bausumme von 41,5 Millionen Mark – die später um weitere 800 000 Mark aufgestockt werden musste – beauftragte die Stadt Hamburg die beiden Berliner Unternehmen, einen Bahnring um die Alster zu bauen. Der Staat hatte die Kosten für die Beschaffung von Grund und Boden sowie für mögliche Baumaßnahmen an öffentlichen Straßen in Höhe von 12,5 Millionen Mark zu tragen. Die insgesamt veranschlagte Bausumme für die Ringbahn lag damit bei rund 55 Millionen Mark. Von diesem Bauauftrag ausgenommen waren zunächst die elektrischen Anlagen inklusive des Kohlekraftwerks, das auf dem Betriebsgelände in der Barmbecker Hellbrookstraße errichtet werden sollte. Dafür war von vornherein vorgesehen, dass etwaige bauliche Erweiterungen und Änderungen der Streckenführung, die während der Bauphase notwendig werden sollten, bereits mit dem Bauvertrag abgegolten sein würden.

Für die Durchführung des Auftrags gründete das Berliner Konsortium eine eigene „Bauverwaltung für die elektrischen Stadt- und Vorortsbahnen zu Hamburg, Siemens & Halske AG und Allgemeine Elektrizitäts-Gesellschaft", die vom Senatsausschuss für die Stadt- und Vorortsbahnen beaufsichtigt wurde. Sie bezog ihre Büroräume zunächst in der Kaiser-Wilhelm-Straße, siedelte dann aber in das gerade erst erbaute Hamburger Semperhaus in der Spitalerstraße über. Als Baudirektor der Hamburger Bauverwaltung und Generalbevollmächtigten für alle Verhandlungen mit den Vertretern des Hamburger Staates wurde Regierungsbaumeister a. D. Wilhelm Stein ernannt.

IN DEN AMTSZEITEN DES ERSTEN BÜRGERMEISTERS
JOHANN GEORG MÖNCKEBERG FIELEN DIE WICHTIGSTEN
VERKEHRSPOLITISCHEN ENTSCHEIDUNGEN

BÜRGERMEISTER
PFENNIGFUCHSER

„,Gesegnet die Stunde, das Werk ist getan!' Es war so etwas wie ein historischer Augenblick, als gestern Abend um 11 Uhr der Bürgerschafts-Präsident feierlich verkünden konnte, dass die Vorortsbahn-Vorlage nunmehr endgültig angenommen sei. Bürgermeister Dr. Mönckeberg reckte sich befriedigt ob des Erfolgs in seinem Stuhl! Sieben Jahre schwerer, angestrengter Arbeit, mühseliger Kämpfe und mancher Enttäuschungen liegen hinter ihm", schrieb der „General-Anzeiger" am 4. Mai 1905 über den Ersten Hamburger Bürgermeister, der hinter den Kulissen Kärrnerarbeit geleistet hatte, um endlich das Hamburger Hoch- und Untergrundbahnprojekt in die Praxis umzusetzen.

Der gebürtige Hamburger Johann Georg Mönckeberg (22. August 1839 – 27. März 1908), ältester Sohn eines Predigers, studierte nach dem Besuch der Gelehrtenschule des Johanneums und des Akademischen Gymnasiums zunächst in Heidelberg und später in Göttingen Jura. Er wurde in Heidelberg im Sommersemester 1859 bei der Burschenschaft Frankonia aktiv. Am 21. Mai 1862 wurde er in Hamburg als Advokat zugelassen.

Mönckeberg, zeitweise Leutnant im 5. Bataillon des Bürgermilitärs, war als Syndikus für die Berlin-Hamburger Eisenbahn-Gesellschaft tätig und saß auch im Aufsichtsrat des Unternehmens. 1871 wurde er Bürgerschaftsabgeordneter in der Fraktion der Rechten. Fünf Jahre später wurde er in den Senat gewählt, dem er bis zu seinem Tode angehörte. Von 1890 an bekleidete er mehrmals das Amt des Bürgermeisters,

denn es war damals in Hamburg üblich, dass die drei ältesten und juristisch geschulten Senatoren sich jeweils für ein Jahr im Amt des Bürgermeisters abwechselten. In Mönckebergs Amtszeiten fielen die wichtigen Entscheidungen über die Zukunft des Hamburger Nahverkehrs, in denen er sich zunächst als Vermittler zwischen den verschiedenen Interessengruppen profilierte und später maßgeblich die Entscheidung für die Vergabe des U-Bahn-Baus an das Berliner Konsortium Siemens & Halske AG und AEG forcierte. Während seines politischen Wirkens stieg die Einwohnerzahl Hamburgs auf mehr als das Doppelte an. Mönckebergs Domäne waren die Staatsfinanzen – und was eben diese Finanzpolitik betraf, so war er der wahrscheinlich vorsichtigste Erste Bürgermeister, den die Stadt jemals besaß. Von den Hamburgern bekam er zwar den Spitznamen „Bürgermeister Pfennigfuchser" verliehen, dennoch war der besonnene Mönckeberg in der Bevölkerung sehr beliebt.

Die Fertigstellung der ersten Hamburger U-Bahn-Strecke erlebte Mönckeberg jedoch nicht mehr. Nach seinem Tod 1908 wurde die neue breite Verbindungsstraße zwischen Hauptbahnhof und Rathausmarkt nach ihm benannt – die Mönckebergstraße.

JOHANN GEORG MÖNCKEBERG

DIE VERKEHRSANBINDUNG DER WALDDÖRFER VOLKSDORF,
OHLSTEDT UND GROSSHANSDORF WAR VOR ALLEM POLITISCH MOTIVIERT

AB IN DIE WÄLDER

1895–1906

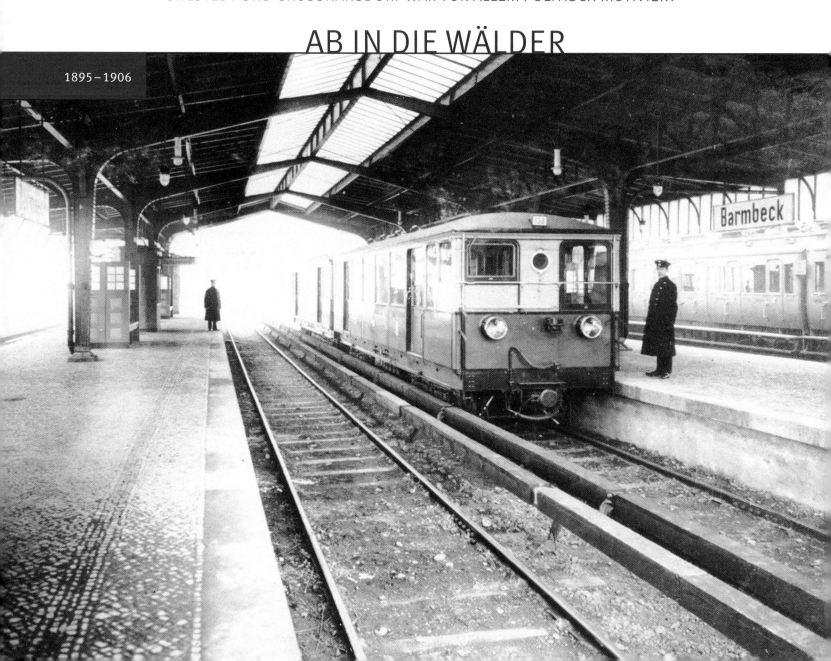

Das Bahnhofsgebäude des ersten Barmbecker Bahnhofs wurde bereits nach zehn Jahren abgerissen, denn für die neue Walddörferbahn brauchte man Platz.

Bereits vor der Gründung der Hamburger Hochbahn AG wurde dem Senat und der Bürgerschaft ein Konzept für eine Walddörferbahn vorgelegt. Hamburg war an einer schnellen und preislich attraktiven Verkehrsverbindung zwischen den nördlichen Hamburger Exklaven Volksdorf, Ohlstedt und Großhansdorf und dem Stadtgebiet interessiert. Man wollte verhindern, dass betuchte Hamburger Steuerzahler ins benachbarte preußische „Ausland" abwanderten, das wie die Walddörfer als bevorzugtes Wohngebiet galt. Gleichzeitig wollte eine Privatgesellschaft die Verlängerung der Vorortbahn über Ohlsdorf hinaus ins Alstertal finanzieren und so die damals preußischen Ortschaften Wellingsbüttel und Poppenbüttel ans geplante Hamburger Verkehrsnetz anschließen.

Das Problem der Walddörferbahn: Sie würde sehr wahrscheinlich nicht kostendeckend betrieben werden können, denn die Fahrt in die Exklaven sollte für die Fahrgäste keinesfalls teurer werden als die Bahnfahrt in die vornehmen preußischen Wohngebiete bei Hamburg. Das hieß, dass die Fahrtkosten aus der Hamburger Stadtkasse subventioniert werden mussten. Dennoch begann man im Jahre 1912 mit den Erdarbeiten – auf Kosten der Stadt. Nur zwei Jahre später – zur Zeit des Kriegsausbruchs – war die Strecke der Walddörferbahn nach Volksdorf und Ohlstedt inklusive der 61 Brücken fast fertig. Das erst zehn Jahre alte Zugangsgebäude des Bahnhofs Barmbeck wurde abgerissen, um Platz für den neuen Damm der Walddörferbahn zu schaffen, und im Jahre 1915 wurde auch das stählerne, 573 Meter lange Viadukt am Rübenkamp in Barmbeck

über die Gleisanlagen der Hochbahn, der S-Bahn sowie einige Straßen fertiggestellt.

Zwei Monate vor der Unterzeichnung des Waffenstillstandsabkommens am 11. November 1918 wurde der Betrieb auf der Strecke Barmbeck–Volksdorf–Ohlstedt mit zwei erbeuteten belgischen Dampflokomotiven aufgenommen. Man hatte es nicht rechtzeitig geschafft, die Strecke zu elektrifizieren. Täglich gab es sechs Fahrten, und im Geschäftsbericht der HOCHBAHN für das Jahr 1918 hieß es: „Seit dem 12. September haben wir auf den dringenden Wunsch der Behörden für Rechnung des Hamburgischen Staates einen vorläufigen Betrieb auf der Walddörferbahn mit zwei uns vom Staate zur Verfügung gestellten Dampflokomotiven aufgenommen. Da diese Maschinen sich für einen geordneten Betrieb als unzureichend erwiesen, ein Gewinn aus diesem Betrieb ergibt sich für uns nicht." Außerdem wollten die Belgier im Zuge der deutschen Reparationszahlungen ihre Lokomotiven wiederhaben. Doch ab 6. September 1920 fuhr die Walddörferbahn wieder, zunächst nur eingleisig, dafür aber mit Strom!

Ein gutes Jahr später wurde die zweite (eingleisige) Teilstrecke von Volksdorf nach Großhansdorf mit Halt in Buchenkamp, Ahrensburg und Schmalenbeck freigegeben. Ursprünglich war als Endhaltestelle Beimoor vorgesehen gewesen, wo der Bau von Wohnungen, einer „Irrenanstalt" sowie eines Rüstungsbetriebes geplant war. Doch daraus wurde nichts. Großhansdorf blieb neben Ohlstedt die zweite Endhaltestelle der Walddörferbahn, der heutigen U1.

BUCKHORN

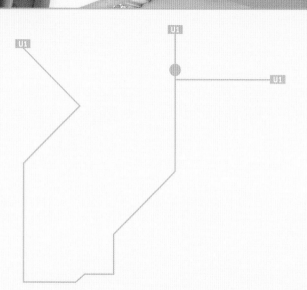

Auf der landschaftlich reizvollsten Strecke des Hamburger U-Bahn-Netzes findet man die 1925 eröffnete Haltestelle Buckhorn. Idyllisch, fast versteckt im Wald gelegen, erinnert das Gebäude eher an eine Villa als an eine U-Bahn-Haltestelle.

Mit seinem hohen Walmdach, den weißen Sprossenfenstern und dem überwölbten Portal fügt sich der Backsteinbau harmonisch in die ländliche Umgebung ein. Die U-Bahn-Haltestelle Buckhorn stellt ein besonders eindrucksvolles Beispiel für die

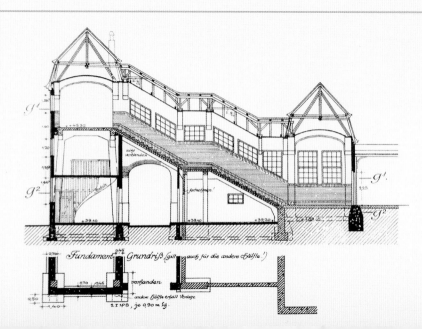

Die Backstein-Architektur der Bahnhofsgebäude der Walddörferbahn fügte sich harmonisch in die ländliche Umgebung ein.

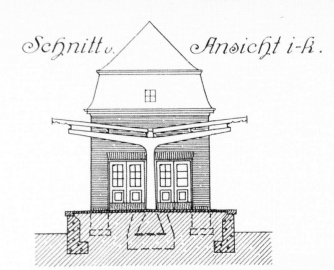

Schnitt v.   *Ansicht i-k.*

Kennzeichnung: vorhanden *Beton* herzustellen    vorhanden *Ziegelmauerwerk* herzustellen

Heimatstilarchitektur der (damaligen) Walddörferbahn dar.

Von der Halle führt eine überdachte Brücke mit seitlichen Sprossenfenstern zur Bahnsteigtreppe. Ihr weiß gestrichenes Gewölbe wird durch graue Gurtbögen gegliedert. Der Treppenturm steht auf dem Mittelbahnsteig. Die Treppenan- und -austritte sind mit abgewalmten Zeltdächern pavillonartig ausgebildet. Auch die Bahnsteigüberdachung mit ihrem gelb gestrichenen stählernen Tragwerk und den hölzernen Dachuntersichten ist noch im Originalzustand erhalten.

Eugen Göbel war als Architekt für sämtliche Bauten der Walddörferbahn verantwortlich. Die 16 Haltestellen und zahlreichen Brücken bilden in ihrer einheitlichen Gestaltung ein geschlossenes und umfangreiches Werk. Sie gelten als architektonische Zeugnisse für die einstige Bedeutung der Heimatschutzbewegung.

39

1906–1912

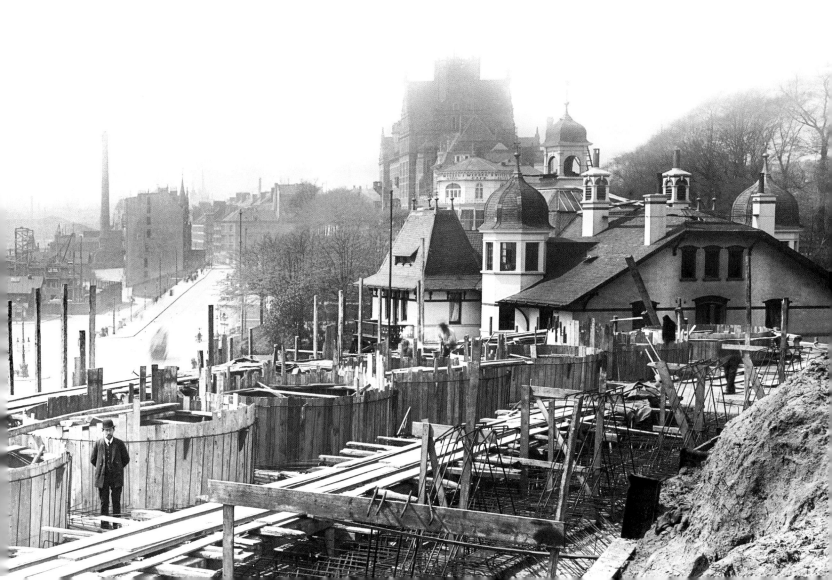

DAS GROSSE BUDDELN

DIE NEUE SCHNELLBAHN SOLL UNTER UND ÜBER DER ERDE FAHREN.
HAMBURG WURDE ZU EINER EINZIGEN, RIESIGEN BAUSTELLE

EIN U-BAHN-RING
IN VIER ETAPPEN

1906–1912

Die neue Schnellbahn soll über und unter der Erde fahren. Der Tunnelbau (links: Hauptbahnhof) war trotz offener Bauweise komplizierter als die Konstruktion der Viadukte wie hier an der Kuhmühle.

Elf Jahre lang hatten die Hamburger allein an ihrem Rathaus gebaut (von 1886 bis 1897) – und jetzt wollten sie in etwa der Hälfte der Zeit einen kompletten U-Bahn-Ring rund um die Alster bauen; zum Teil tief unter der Erde, zum Teil hoch über den Straßen und Bürgersteigen der Stadt; eine exakt 17,45 Kilometer lange Strecke (davon knapp sieben Kilometer Tunnel) mit insgesamt 23 Haltestellen, zahlreichen Brücken, Dämmen und Viadukten. Darüber hinaus waren drei Zweigstrecken geplant: Eimsbüttel (die „Hellkamp"-Linie ab Schlump), Ohlsdorf (ab Kellinghusenstraße) und Rothenburgsort (ab Hauptbahnhof). Das Konsortium, bestehend aus der Siemens & Halske AG und der Allgemeinen Electrizitäts Gesellschaft, hatte sich der Stadt gegenüber zur Einhaltung dieses engen Zeitrahmens verpflichtet, für den Bau der Zweigstrecken räumte Hamburg dem Konsortium drei Jahre mehr Zeit ein.

Nicht wenige Fachleute zu jener Zeit sahen dieses ehrgeizige Projekt daher als „sehr kühnes Unterfangen" an. Wenn man nun noch bedenkt, dass rund 50 Jahre später der Bau der 9,6 Kilometer langen unterirdischen „Wandsbeker Linie" vom Jungfernstieg nach Wandsbek-Gartenstadt (eingeweiht am 4. August 1963) allein acht Jahre dauern sollte – obwohl die Bautechnik inzwischen enorme Fortschritte gemacht hatte –, klingt „kühnes Unterfangen" ziemlich untertrieben. Denn zum Streckenbau selbst kam die Errichtung der Werkstätten, der Betriebshöfe, der Verwaltungsgebäude sowie des geplanten Kraftwerks an der Barmbecker Hellbrookstraße hinzu.

Darüber hinaus musste die Beschaffung der Züge sowie der gesamten elektrischen Ausrüstung organisiert werden. Die HOCHBAHN als zukünftige Betreibergesellschaft war zu diesem Zeitpunkt jedoch noch nicht gegründet. So lag die gesamte Verantwortung zunächst in den Händen der „Bauverwaltung für die elektrischen Stadt- und Vorortsbahnen zu Hamburg, Siemens & Halske AG und Allgemeine Electrizitätswerke Gesellschaft". Zum Leiter des operativen Geschäfts wurde Wilhelm Stein ernannt, gleichzeitig war er auch Generalbevollmächtigter des Konsortiums und damit der verantwortliche Verhandlungspartner für die Stadt.

Zu diesem Zeitpunkt existierten jedoch nur zwei Grundsatzentscheidungen: Zum einen war die Trassenführung beschlossene Sache, zum anderen war man sich darüber einig, dass die neue Schnellbahn auf jeden Fall mit Strom fahren würde. Doch nun mussten noch zahllose technische Probleme, die aufeinander aufbauten, geklärt werden: die Art des Betriebsstroms (Wechsel- oder Gleichstrom, Oberleitung oder Stromschiene), die Spurweite der U-Bahn-Wagen, das Lichtraumprofil für Tunnel und freie Strecken (und damit der Abstand zwischen den Gleisen), die maximalen Steigungen auf der Strecke, die minimalen Kurvenradien, die Länge und Breite der Bahnsteige …

Das neue Massenverkehrsmittel musste sich schließlich durch eine recht enge Stadtbebauung hindurchquälen. Darüber hinaus war die Größe des Wagenquerschnitts ein entscheidender Kostenfaktor für die gesamte Infrastruktur der neuen

Schnellbahn. Eine weitere Grundsatzfrage lautete: „Nur Triebwagen oder auch antriebslose Beiwagen einsetzen?"

Es gab damals auch einige Zeitgenossen, die der Hansestadt vorgeworfen hatten, bei der Planung und Durchführung
des neuen Massenverkehrssystems zu zögerlich gewesen zu
sein. Diese Kritiker führten stets das leuchtende Beispiel
von Berlin an, wo die U-Bahn bereits seit vier Jahren fuhr,
während die Hamburger Ingenieure noch nicht einmal damit angefangen hatten, Bodenproben entlang der geplanten
Trasse zu entnehmen, um sich ein genaues Bild vom Untergrund verschaffen zu können, durch den die Tunnel gegra-
ben und auf dem die Schienen verlegt werden sollten. Tatsächlich lagen die beiden größten deutschen Städte in vielen
Belangen stets in einer Art Wettstreit miteinander, doch der
„verspätete" Baubeginn in Hamburg barg in sich auch einen
unschätzbaren Vorteil: Die Planer konnten die zahlreichen
Fehler, die beim Bau der ersten Berliner U-Bahn-Strecken gemacht wurden, von vornherein vermeiden. Dies begann bei
der Sicherung der Baugruben, wo immer wieder Wassereinbrüche und abrutschende Steilwände zu gefährlichen Situ-
ationen führten, und endete bei der Waggonbreite, bei der
man sich in der Hauptstadt des Deutschen Kaiserreiches zunächst an der Breite der Straßenbahn orientierte – und in zu
kleinem Rahmen gedacht hatte. Daher existieren bis heute
in Berlin zwei unterschiedlich breite U-Bahn-Netze nebeneinander, die „Kleinbahn" und die später gebaute, „normale" U-Bahn. In Hamburg entschied man sich von Beginn an

für die „Normalspur" mit einer Breite von 1,46 Metern sowie
einem großzügigen Lichtraumprofil von 7,50 Meter Breite
für maximal 2,56 Meter breite Wagen, was gegenüber den
Berliner Waggonmaßen eine weitaus größere Beförderungs-
kapazität bedeutete.

DER TRAUM VON EINEM MONDÄNEN HAMBURG

Am 1. Juni 1906 wurde der Bauverwaltung vom Senat offiziell
der Auftrag erteilt, eine elektrische Hoch- und Untergrundbahn
für die Stadt Hamburg zu bauen, doch es dauerte fast noch
zwei Monate, bis am 26. Juli desselben Jahres am Adolphplatz
die ersten Bauvorbereitungen begannen. Hier entnahmen Geo-
logen mithilfe von Tiefbohrungen die ersten von insgesamt 400
Erdproben entlang der geplanten Trasse, um sich ein klares
Bild vom Untergrund zu verschaffen.

Der 5. Oktober 1906 kann als offizieller Baubeginn angesehen werden, als mehrere Bautrupps damit begannen,
das Ufer des Kuhmühlenteichs abzuholzen und einen provisorischen Anleger zu errichten. An der Uhlandstraße wurden
gleichzeitig die ersten zwei Häuser abgerissen, die der Trasse im Weg standen. Wenig später wurde dort eine Feldbahn
angelegt. Über diese Materialbahn sollte der Aushub zum
Kuhmühlenteich gelangen und in Schuten umgeladen werden. Die Lastkähne sollten den Aushub durch den Osterbek-
kanal bis zu einem eigens angelegten Stichkanal nach Barmbeck befördern, in die Nähe derjenigen Baustellen, wo die

Vor allem die Erdarbeiten stellten für die Konstrukteure ein gewaltiges logistisches Problem dar. Der Abtransport des Aushubs erfolgte auf dem Wasserweg.

Erdwälle für die dortige Trasse in Richtung Winterhude aufgeworfen wurden; eine damals noch weitgehend unbebaute Gegend, die aber für die Stadterweiterung und vor allem die Anlegung des Stadtparks vorgesehen war. Millionen Kubikmeter Erde, Sand, Geröll, Stein und Schotter sollten auf diese Weise durch die Stadt transportiert werden.

Auf ihrem Rückweg vom Kuhmühlenteich zur Tunnelbaustelle brachte die Förderbahn Baumaterial mit. Angetrieben wurde sie durch Strom, den ein eigens errichtetes, kleines Kraftwerk an der Angerstraße erzeugte.

Dieses Beispiel zeigt jedoch nur eine von vielen Facetten der logistischen Meisterleistung, die in den provisorischen Büros der Bauverwaltung unter der Leitung von Wilhelm Stein in der Kaiser-Wilhelm-Straße geplant worden war: die präzise Vernetzung der verschiedenen, zum Teil extrem komplizierten Arbeitsabläufe und umfangreichen Beschaffungsmaßnahmen, die während der knapp sechsjährigen Bauphase der Ringlinie und später der Zweigstrecken zu erwarten waren.

Dabei ging es jedoch um weit mehr als „nur" um den Bau eines neuartigen Massentransportmittels. Der Weg zur Arbeit sollte verkürzt werden und die Menschen die Möglichkeit haben, von zu Hause aus in die große Welt zu reisen und dabei ohne größeren Zeit- und Kraftaufwand in weiterführende Verkehrsmittel umzusteigen. Von einem „Hamburger Verkehrsverbund" war man zu diesem Zeitpunkt zwar noch rund 60 Jahre entfernt, aber die Weichen für ein verzahntes Nahverkehrssystem wurden damals bereits gestellt.

Vor allem Wassereinbrüche
machten den Tunnelbauern
immer wieder zu schaffen.

Rathausmarkt: Die erste Haltestelle
war auch die wichtigste.

Vor allem aber ging es auch darum, Hamburg mit der Hochbahn gleichzeitig ein modernes und nicht zuletzt auch repräsentatives und mondänes Stadtbild zu verschaffen. „Einfache", das heißt zweckmäßige Haltestellen (oder Stationen), wie sie vor allem in London und New York existierten, sollten daher bewusst vermieden werden. Zum anderen sollten sich die Bahnhofsbauten architektonisch an ihr direktes Umfeld anpassen. Und in den (noch) dünner besiedelten Wohngebieten sollten die Stationsgebäude bereits von Weitem das Städtische symbolisieren, jedenfalls den Zugang dazu.

Individualität war also gefragt und gefordert. So entstanden ab dem Jahr 1910 architektonische Kleinode wie zum Beispiel die Haltestelle Mundsburg, die von der damals bekannten Architektengemeinschaft Ludwig Raabe & Otto Wöhlecke aus Altona (sie hatten die St.-Pauli-Landungsbrücken und das Eingangsgebäude des Alten Elbtunnels entworfen) als monumentaler Ziegelbau in typischer Reformarchitektur gestaltet und mit Sandsteinelementen optisch abgerundet werden sollte.

In der unterirdischen Haltestelle Rathausmarkt, die naturgemäß als die wichtigste aller Stationen angesehen wurde, verbauten die Berliner Architekten Gustav Hart und Alfred Lesser eine elegante Komposition aus grünem und gelbem Marmor, angereichert mit Majolika aus der königlich-preußischen Porzellanmanufaktur in Candinen (dem heutigen Kadyny in Polen). An der Stirnseite der Treppenschächte waren in einem aufwendigen Gehäuse aus getriebener Bronze

Uhren angebracht und zusätzlich die Bahnsteige mit reich verzierten Platten verblendet worden. Und Emil Schaudt, der bereits das Bismarck-Denkmal über den Landungsbrücken entworfen hatte, erschien den Verantwortlichen genau der richtige Mann für den „Koloss von Hamburg" zu sein – die Station „Hafentor", später Landungsbrücken, unterhalb des Stintfangs, womit der beabsichtigte Knotenpunkt aus allen lokalen, regionalen und internationalen Verkehrslinien erst perfekt wurde. Das ist auch das Außergewöhnliche des Hamburger Verkehrs: das Zusammenspiel von Schienenverkehr, Bustransport und Schifffahrt auf Elbe und Alster. Mit der ersten Unterwasserstraße des kontinentalen Europas, dem „alten" Elbtunnel an den Landungsbrücken, und den frühen Anfängen im Flugzeugbau, besonders im Wasserflugzeugbau bei Blohm+Voss, wurde Hamburg zu einem Zentrum für Verkehrstechnik.

Ob über oder unter der Erde: Bis heute achtet die HOCHBAHN bei Neubauten, Renovierungen und vor allem Modernisierungen nicht nur auf die Funktionalität, sondern auch auf ein ansprechendes Erscheinungsbild. Dieses Festhalten an einer lieb gewonnenen Tradition führt jedoch nicht selten zu großen Herausforderungen, wenn etwa ein Haltestellengebäude wie die Kellinghusenstraße barrierefrei umgestaltet werden soll, bei deren Bau die Barrierefreiheit noch keine Rolle spielte. Die einfachere und kostengünstigere Lösung wäre es sicherlich gewesen, den modernen Fahrstuhl außen ans Gebäude „dranzuklatschen". Aber man ent-

schied sich „selbstverständlich" gegen das architektonische „Verbrechen" und für eine aufwendige Umgestaltung der Eingangshalle mit integrierten Aufzügen.

Auch die zahlreichen Brückenbauwerke wurden von renommierten Architekten gestaltet. Zwar galten die Eisenkonstruktionen als reine Zweckbauten, doch richtete man ein besonderes Augenmerk auf die Widerlager – und Fußgänger, die nach ihrer Fertigstellung genauer hinschauten, konnten reiche Verzierungen, Steinreliefs und Ornamente aus Muschelkalk, Basaltlava, Porphyr, Granit und Sandstein entdecken. Einige Brücken wurden sogar als Gesamtkunstwerke gestaltet, wie etwa die Brücke über die Helgoländer Allee, für die ebenfalls der Architekt Emil Schaudt verantwortlich zeichnete. Unter seiner Federführung entstand an der Hafenkante so ein bis heute beeindruckendes Ensemble, das allen Reisenden, die Hamburg von der Elbe aus ansteuern, einen unverwechselbaren ersten Eindruck vermittelt.

EINE MENGE HÜRDEN

Kurz nach dem Beginn der Bauarbeiten begannen die Diskussionen über den zukünftigen Betreiber der neuen Bahn. Die Bürgerschaft favorisierte eine Privatisierung und damit eine Trennung von Gleis und Betrieb. Die Abgeordneten konnten sich nach längeren Verhandlungen durchsetzen. Gemeinsam schrieben Senat und Bürgerschaft daraufhin den Auftrag öffentlich aus, doch der einzige Bewerber, der sich innerhalb

Beim Brückenbau (Kuhmühle) achtete man auch auf architektonische Feinheiten.

der Frist bis zum 1. August 1907 meldete, war wiederum das Konsortium aus Siemens & Halske und der AEG. Zwei Jahre und etliche Verhandlungsrunden später wurde der Betriebsvertrag schließlich am 25. Januar 1909 unterzeichnet. Zu diesem Zeitpunkt war ganz Hamburg eine riesige Baustelle, aber die Vorfreude der Einwohner auf die neue Schnellbahn war groß und wurde durch Presseberichte angeheizt: Der „Hamburgische Correspondent" hatte bereits am 29. Oktober 1905 über die Berliner Begeisterung für das neue Verkehrsmittel berichtet: „Ganz außerordentlich schnell hat sich die Hoch- und Untergrundbahn in Berlin die Gunst des Publikums erworben. Jeder Berliner benutzt sie gern und ist stolz darauf, sie auch seinem Besuch aus der Provinz als ein echt großstädtisches Verkehrsmittel zeigen zu können." Dieser Enthusiasmus sollte nun auch in Hamburg entfacht werden.

Doch zunächst wurde erst mal nur eins entfacht: Lärm. Ab dem Herbst 1906 war die Stadt im Prinzip eine einzige Baustelle. Überall dröhnte, rumorte, hämmerte und wummerte schweres Gerät, wurden Bäume gefällt, Straßen aufgerissen und Gebäude abgerissen; es wurden zahllose Fundamente für Brückenpfeiler, Viadukte und Bahnhofsgebäude gegossen, und an beinahe jeder Straßenecke standen Ingenieure und Vorarbeiter mit Bauplänen und achteten darauf, dass die Vorgaben peinlich genau eingehalten wurden.

Der Tunnelbau stellte dabei die technisch größte Herausforderung dar. Zwischen 1906 und 1912 entstanden fast sieben Kilometer unterirdische Strecken, zwischen dreieinhalb und viereinhalb Meter hoch und breit – allerdings in offener Bauweise, sodass die Bautrupps wenigstens an der frischen Luft arbeiten konnten. Die Konstruktion der stählernen Viadukte wiederum war eine spektakuläre Angelegenheit: wenn die Einzelteile aus insgesamt drei deutschen Stahlwerken (der Maschinenfabrik Augsburg-Nürnberg, Werk Gustavsburg, der Gutehoffnungshütte in Oberhausen-Sterkrade sowie dem Berliner Unternehmen Steffen & Nölle) angeliefert und dann vor Ort zusammengesetzt wurden.

Mit zunehmender Dauer der Bauarbeiten wurden die Hamburger neugieriger, aber auch ungeduldiger. Manch einer fragte sich, warum zum Beispiel die Bauarbeiten an vielen der fix und fertig gegossenen Fundamente mehrere Jahre ruhten. Die Antwort hieß: Um Unterhaltungskosten zu sparen, hatte die Bauverwaltung vorgesehen, dass zunächst, abgestimmt mit den örtlichen Bedürfnissen und dem restlichen Baufortschritt, die Fundamente gelegt werden sollten. Diese waren weniger anfällig gegen Witterungseinflüsse und Vandalismus als die Eisenkonstruktionen, die später auf ihnen ruhen sollten. Andere

Es gab nicht wenige Hamburger, die sich darüber beschwerten,
dass ihre Stadt über Jahre „eine einzige große Baugrube" war.

Tunnelbau war vor allem Knochenarbeit. Zigtausende Arbeiter schufteten elf Stunden täglich – wie hier auf der Strecke des „Eimsbütteler Zweiges" zwischen den Haltestellen Moorkamp und Christuskirche im Jahre 1910.

wiederum hatten ihre Skepsis gegenüber dem Aufbruch in die neue Zeit – der Veränderung des Stadtbildes – schon vor dem Beginn der Bauarbeiten geäußert: „Aber der Hochbau bleibt (...) eben Hochbau, und ihm lassen sich nur wenige angenehme Seiten abgewinnen. Das Beste dabei sind die Brücken, bei denen man wenigstens durch schlanke Konstruktion auf die Form wirken kann. Wer aber will aus einem Eisenbahndamm künstlerische Wirkungen hervorlocken?", war am 21. Oktober 1905 in den „Hamburger Neuesten Nachrichten" zu lesen gewesen, die sich über die insgesamt rund zehn Kilometer langen Erdwälle, die mitten in der Stadt aufgeschüttet wurden, mokiert hatten.

Die Bauzeit war extrem knapp bemessen, und je länger die Arbeiten andauerten, desto mehr Probleme tauchten auf. Mit dem Wetter hatten die Bauherren zwar Glück, denn in den folgenden sechs Jahren waren die Winter so mild, dass selbst im Dezember und Januar fast ohne Unterbrechungen weitergebaut werden konnte. Nur an den (wenigen) Frosttagen mussten sämtliche Maurerarbeiten und Betonschüttungen sofort unterbrochen werden. Und wenn die Temperatur unter vier Grad Celsius sank, konnten keine Kabel verlegt werden.

Dafür regnete es bisweilen kräftig. Dann liefen die offenen Baugruben voll, das Wasser musste mühsam abgepumpt werden – auch das Grundwasser oder „schwierige" Böden wie mooriger oder torfiger Untergrund machte den Tunnel- und Hochbauern häufig zu schaffen. Die Regenfälle weichten die frisch aufgeschütteten Dämme auf und ließen sie teilweise absacken. Auch bestand die Furcht vor regelrechten Erdrutschen, die für die Männer auf den Baustellen lebensgefährlich werden konnten.

STREIKS GEFÄHRDEN DEN ZEITPLAN

Ein einfacher, ungelernter Arbeiter bekam 1908 im Schnitt 45 Pfennig pro Stunde und verdiente damit durchschnittlich rund 4,50 Mark am Tag. Ein ausgebildeter Maurer hingegen erhielt zu Beginn des 20. Jahrhunderts bereits 6,60 Mark am Tag. Für diesen Lohn verdingten sich die Gelegenheitsarbeiter an sechs Tagen in der Woche, im Sommer von sechs Uhr morgens bis sieben Uhr abends mit zwei halbstündigen und einer einstündigen Pause – also elf Stunden täglich. Die Arbeitszeiten konnten jedoch je nach Wetter und Tageslicht stark variieren: Gab es im Winter Frost, mussten die meisten Arbeiten eingestellt werden. Fiel im Sommer der Regen zu stark, war an Neuschüttungen nicht zu denken, bevor das Wasser abgepumpt war. Schlechtwetter- und Ausfallvergütungen waren unbekannt, doch Überstunden wurden immerhin mit einem Zuschlag von 10 bis 15 Prozent vergütet. Arbeitserleichternde Maschinen waren kaum vorhanden: Kleine Loren und Bagger waren die einzigen Hilfsmittel, um das Erdreich auszuheben und abzutransportieren. Zum einen gab es Eimerkettenbagger mit einer Hubleistung von 1000 Kubikmetern je Arbeitsschicht sowie die noch kleineren Löffelbagger, mit denen 700 Kubikmeter Erdreich pro Arbeitstag bewegt werden konnten. Der Rest war Handarbeit.

Einmal, im Jahr 1908, ruhten alle Baustellen aufgrund eines Streiks. Insgesamt wurde in der gut sechsjährigen Bauzeit der ersten Ringlinie an 280 Tagen die Arbeit immer mal wieder von verschiedenen Gewerken niedergelegt.

Historiker haben errechnet, dass in der knapp sechsjährigen Bauzeit an rund 280 Tagen gestreikt wurde. An rund 80 dieser Streiktage wurden Arbeiter oder Gruppen von Arbeitern ausgesperrt. Während des Arbeitskampfes im Baugewerbe im Jahr 1908 dürfte einmal sogar der gesamte Bau geruht haben, ansonsten waren stets nur Teilbereiche betroffen, wie der Fenstereinbau in den Haltestellen oder Steinmetzarbeiten. Doch alle Arbeitskämpfe gefährdeten die Einhaltung des knappen Zeitplans ebenso wie auch die häufigen Planänderungen, die vorgenommen werden mussten: So wurden die Haltestellen Schlump und Hauptbahnhof von zwei auf vier Gleise erweitert, andere Bahnhöfe erhielten statt Mittelsteigen Außensteige. Vor allem die Arbeiten am Hauptbahnhof waren kompliziert, und der Ausbau auf drei Ebenen bei gleichzeitigem Vollbetrieb der Eisenbahnstrecke dauerte schließlich erheblich länger, als es die Ingenieure geplant hatten. Am Barmbecker Markt (später Dehnhaide) wurden die Bauarbeiten unnötigerweise unterbrochen: Hier sollte ursprünglich die Walddörferbahn einmünden, doch diese Idee wurde schließlich verworfen. Hinzu kam, dass beim Bau der Tunnelstrecken die Verlegung von vorhandenen Siel-, Gas- und Wasserrohren sowie Telefon- und Telegrafenleitungen genau geplant war. Wenn allerdings, wie beim Bau der Zweigstrecke nach Eimsbüttel, die Streckenführung kurzfristig verändert wurde, so mussten all diese Detailplanungen überdacht und ein zweites Mal in die Gesamtplanung integriert werden.

Je näher der Termin der Jungfernfahrt rückte, desto weniger Verständnis hatte die Öffentlichkeit für die Verzögerungen. So heißt es im Protokoll der 8. Sitzung der Senatskommission für die Stadt- und Vorortsbahnen vom 21. Januar 1911: „Von Herrn Oberingenieur Sperber wird darauf hingewiesen, dass mit den Gesellschaften durch Vertrag bestimmte Termine für Fertigstellung der Bahnbauten und für die Eröffnung des Betriebes vereinbart seien und dass an diesen Terminen unter allen Umständen festgehalten werden müsse. Eine Überschreitung der Termine, für welche die Gesellschaften ausschließlich verantwortlich seien, werde in der Bevölkerung sehr missliebig aufgenommen werden."

Die Bauverwaltung in der Kaiser-Wilhelm-Straße unternahm deshalb den recht plumpen Versuch, einen Schuldigen für den zeitlichen Rückstand zu benennen, und wurde auch rasch fündig: Die Streiks wurden den Sozialdemokraten in die Schuhe geschoben, da die Partei ohnehin im Verdacht stand, andauernd gegen die HOCHBAHN zu stänkern, weil die Politik ihrer Meinung nach zu wenig Einfluss auf den Betrieb der neuen Schnellbahn haben würde. Daraus entwickelte sich ein handfestes politisches Scharmützel. So warf das „Hamburger Echo" in seiner Ausgabe vom 16. September 1911 der Bauverwaltung vor, von eigenen Planungsfehlern bloß ablenken zu wollen: „Nein, die Bauverwaltung schwenkt doch etwas zu aufdringlich den roten Lappen, als daß es nicht auffallen und verdächtig werden sollte. Auch der Spießer in Hamburg wird ungeduldig, da es so gar nicht weiter geht. Und die

Mitte des Jahres 1905 wurden die ersten U-Bahn-
Tunnel – wie hier am Rathausmarkt – fertig. Hamburg
begann, der neuen Schnellbahn entgegenzufiebern.

Otto Scheffler
Hamburg.

Bei ihrer Gründung am 9. Oktober 1911 war die Hamburger Hochbahn AG mit einem Kapital von 15 Millionen Mark ausgestattet. 15 000 dieser Aktien zum Nennwert von je 1000 Mark wurden ausgegeben.

Bauverwaltung hat gar nichts, womit sie dem Unmut ehrlich begegnen könnte. Darum muss ein Popanz gemacht werden, und man zeigt zu diesem Zweck dreist und gottesfürchtig auf die Sozialdemokratie. Sie ist vaterlandslos, also was kümmert sie die Nöte der Vaterstadt.“

Doch am 15. Februar 1912 waren all diese Querelen nur noch Makulatur. Es war zwar ein bitterkalter Tag, aber den Hamburgern wurde warm ums Herz. Sie waren von Stolz erfüllt, denn nun besaß ihre Stadt als zwölfte Metropole auf der Welt und als zweite Großstadt in Deutschland nach Berlin eine U-Bahn. Und was für eine!

WILHELM STEIN WAR HOCHBEGABT, ÄUSSERST DISZIPLINIERT
UND ALS EISENHARTER VERHANDLER GEFÜRCHTET

DER VATER
DER HOCHBAHN

Heute würde man einen solch begabten jungen Mann wahrscheinlich „Überflieger" nennen: Der gebürtige Oldenburger Wilhelm Stein (5. September 1870 – 14. Dezember 1964) hatte von 1888 bis 1892 Maschinenbau und Elektrotechnik in Hannover und Berlin studiert und trat anschließend in preußische Dienste. Doch kaum, dass er im Jahre 1897 zum Regierungsbaumeister ernannt worden war, schied Stein aus dem Staatsdienst aus und fand beim damals weltweit führenden Elektrotechnikunternehmen Siemens & Halske in Berlin eine neue Heimat. Sein neuer Arbeitgeber versetzte ihn nur ein Jahr später nach Hamburg, wo Stein ebenso entscheidende wie auch erfolgreiche Vorarbeiten für den Bau der späteren Hochbahn (U-Bahn) leistete, sodass er ab dem Jahr 1906 die Leitung der für den Bau der Stadt- und Vorortsbahn gegründeten Bauverwaltung übernahm. Weitere sechs Jahre später durfte er anlässlich der Inbetriebnahme des ersten Teilstücks des Hochbahn-Rings die Eröffnungsrede halten – als alleiniger Vorstand der neuen Hamburger Hochbahn AG.

Als zwei Jahre später der Erste Weltkrieg ausbrach, wurde Stein trotz seiner wichtigen Stellung als Hauptmann der Landwehr eingezogen. Seine Prokuristen Wilhelm Mattersdorff und Charles Liez vertraten ihn. Stein erlebte das Kriegsende im Jahre 1918 als aktiver Soldat und nahm noch im selben Jahr seine Vorstandstätigkeit wieder auf, bis im Jahre 1933 nach der Machtübernahme der Nationalsozialisten fast die gesamte Führungsmannschaft des Unternehmens ausgetauscht wurde. Wilhelm Stein wurde zwangsweise in den Ruhestand versetzt. Nach dem Zusammenbruch des „Dritten Reiches" übernahm Stein am 27. Juni 1945 noch einmal den Vorsitz des Vorstandes und führte die Hamburger Hochbahn AG bis zu seiner Pensionierung am 1. Oktober 1947 durch das Chaos der ersten beiden Nachkriegsjahre. Danach wurde er bis zu seinem endgültigen Ausscheiden aus dem Unternehmen am 14. Juli 1953 Mitglied des Aufsichtsrats.

Sein internationales Renommee spiegelte sich in diversen Ehrenämtern wider: Ab 1920 fungierte er als Präsident des Verbandes deutscher Verkehrsverwaltungen. Zugleich war er Vizepräsident des Internationalen Vereins der Straßenbahnen, Kleinbahnen und Kraftfahrtunternehmen in Brüssel – und das in einer Zeit, in der Deutschland aufgrund des Krieges weltweit noch geächtet war. Ebenso gehörte er als Mitglied dem Reichsbahnrat an und wurde schließlich 1928 von der Technischen Hochschule Hannover ehrenhalber zum Dr. Ing. ernannt. Der „Vater der HOCHBAHN" starb im Alter von 94 Jahren in Hamburg, wo er bis zuletzt mit seiner Frau Elise in der Brahmsallee wohnte.

WILHELM STEIN

U3

Landungsbrücken

← Ausgang Exit | S BUS Fähre TAXI | g grundbildungszentrum st. pauli | WC Tourist Information Tropeninstitut | **Landungsbrücken** **Helgoländer Allee** | **Hafentor** | → Ausgang Exit

NÄCHSTER HALT

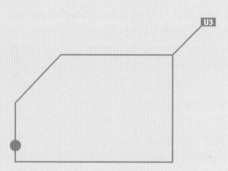

U3

Der gebürtige Stuttgarter Architekt Emil Schaudt hatte für die Station Hafentor ein Haltestellengebäude entworfen, das einem mächtigen, uneinnehmbaren Turm glich. Wilhelm Stein beschrieb den „Koloss" ganz pragmatisch: „Der große Turm über dem Haupteingang mit Freitreppe zum Stationsgebäude sollte dem Fremden, der auf den gegenüberliegenden St.-Pauli-Landungsbrücken die Stadt betritt, den Weg zur Hochbahn zeigen." Schließlich war dieser Stationsturm für viele Fremde das Erste, was sie von der

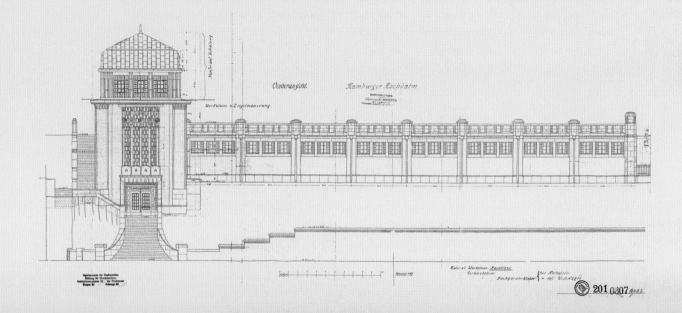

201 0307

Der Bau der U-Bahn-Haltestelle Hafentor –
heute Landungsbrücken – war aufgrund ihrer
Lage besonders kompliziert. Die Haltestelle
sollte sich nahtlos in das Landungsbrücken-
ensemble einfügen – der mächtige Turm steht
heute jedoch nicht mehr.

Stadt sahen – denn an den Landungsbrücken legten neben den Unterelbe- und Seebäderschiffen auch die Seeschiffe an.

Die Bahnsteighalle, die galerieartig – unter großen Schwierigkeiten – in den Stintfanghügel hineingebaut wurde, bildete keine bauliche Einheit mit dem Eingangsgebäude. 1923 wurde ein Seitenausgang an der Hafentorseite eröffnet. Oberhalb des Eingangsbereichs liegt das Gebäude der Seewarte mit seinen vier turmartigen Belvederes und die Jugendherberge „Auf dem Stintfang";

schräg gegenüber (unterhalb) der Pegelturm der Landungsbrücken.

Ursprünglich sollte die Hochbahn direkt an den Landungsbrücken eine Station erhalten, doch die Tunnelführung vom Millerntor zum Fuß des Stintfangs in gerader Linie über die Helgoländer Allee auf einer 65 Meter langen Eisenbrücke war praktikabler als alle anderen Pläne – und dennoch eine der größeren Herausforderungen aufgrund der notwendigen Stützmauern.

HELDEN DER ARBEIT – DIE NIETER

1906–1912

Tausende von Arbeitern und Handwerkern aus so gut wie allen Baugewerken trugen in der sechsjährigen Bauphase dazu bei, dass der ehrgeizige Zeitplan, dem sich die Bauverwaltung untergeordnet hatte, eingehalten wurde. Doch vor allem die Tunnelbauer und die Gleisarbeiter hatten dabei schwere körperliche Arbeiten zu verrichten: Die Tunnelbauer standen zwischen den eingezogenen Spundwänden und hoben mit Schaufeln, Schubkarren und kleinen Dampfbaggern das Erdreich aus. Anschließend zogen sie eine wasserdichte Zementsohle, verschalten die Tunnelwände und -decken mit Stahlträgern und Holzbohlen und gossen den Beton. Wenn der Beton ausgehärtet war, wurden die Wände mit Bitumen (Erdpech) abgedichtet, bevor sie mit Kacheln verkleidet wurden. Gas-, Kanalisations- und Wasserleitungen sowie Kabel wurden über oder unter der Tunnelröhre verlegt.

Gegen Ende der Tunnelarbeiten wurden die Gleise eingebaut. Die Gleisarbeiter verlegten zunächst hölzerne Querschwellen auf ein Bett aus Steinschotter. Unter jedem Gleis bauten sie eine Rinne ein, in der eingedrungenes Wasser abgeführt werden konnte. Diese Rinnen führten wiederum zu Sammelschächten, aus denen mit Pumpen das Wasser abgesaugt wurde. Neben das Gleis wurde die Stromschiene, das Herzstück der neuen Hoch- und Untergrundbahn, eingezogen. Ganz zum Schluss wurden die Stromkabel für die elektrischen Anlagen verlegt.

Doch die vielleicht härteste Tätigkeit verrichteten die Nieter an den stählernen Brücken und den Viadukten.

Das Viadukt vom Rathausmarkt über die Haltestellen Rödingsmarkt und Baumwall bis hin zu den Landungsbrücken (heute U3) ist vermutlich die schönste Teilstrecke des gesamten Hamburger U-Bahn-Netzes.

Zuerst errichteten die Stahlbauer hölzerne Gerüste. An Winden und Dampfkränen hängend, wurden die mächtigen Stahlteile in die Höhe gewuchtet. Am Boden fertigten Arbeiter Stampfbetonträger, die anschließend zu stabilen Eisenbetonpfählen veredelt wurden und die Hauptlast der Viadukte trugen. Mit Bockkränen auf Schienen richteten die Stahlbauer die schon vorbereiteten Träger der Viadukte auf.

Nun waren die Nieter an der Reihe. Auf den Trägern und Gerüsten stehend, vernieteten sie die Eisenteile, um sie anschließend in schwerster Knochenarbeit mit großen Vorschlag- oder Pressluftthämmern bombenfest aneinanderzufügen. Insgesamt mussten in ein einziges Pendeljoch, also ein halbkreisförmiges „Bein" eines Viaduktabschnitts, rund 500 Nieten geschlagen werden. Und das funktionierte so: Ganz unten auf der Erde brachten die Nietenwärmer die Nieten in Feldschmieden zum Glühen. Das erforderte Fingerspitzengefühl, denn der Schaft der Niete musste noch weiß sein, der Kopf hingegen rot glühen. Dann packten sie im richtigen Moment die Niete mit einer Zange und schleuderten sie durch die Luft nach oben aufs Gerüst, wo sie der Zulanger mit seinem Korb auffing. Alles musste sehr schnell gehen: Der Einstecker holte sie aus dem Eimer heraus und führte sie in das vorgesehene Nietloch ein. Der Vorhalter machte mit einem speziellen Werkzeug, dem Dobber, von innen Druck auf den Nietkopf, während von der anderen Seite die Nieter ihre schweren Hämmer im Takt absolut gleichmäßig und mit ohrenbetäubendem Lärm auf die Niete niedersausen ließen. Nieten war Akkordarbeit.

Die Nieter (oder Zuschläger) hatten den höchsten Rang in der Kolonne. Sie besaßen ihre eigenen Hämmer, in unterschiedlichen Größen und Ausformungen passend für alle Nietaufgaben. Ihr Werkzeug hüteten sie wie einen Schatz und gaben es niemals aus der Hand. Und die Arbeit war gefährlich: Immer wieder kam es zu Unfällen, wenn glühende Nieten den Zulanger verfehlten – auch die Baugerüste waren kaum gesichert. Schutzkleidung, Helme oder Sicherheitsschuhe sollten erst über 50 Jahre später erfunden werden.

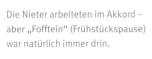

Die Nieter arbeiteten im Akkord – aber „Fofftein" (Frühstückspause) war natürlich immer drin.

DIE HAMBURGER HOCHBAHN AG
WIRD GEGRÜNDET

1906–1912

Als sich zur Mitte des Jahres 1911 die Bauarbeiten an der Hamburger Hoch- und Untergrundbahn dem Ende näherten, gründeten Siemens & Halske und die AEG am 27. Mai 1911 die gemeinsame Betreibergesellschaft: die Hamburger Hochbahn AG wurde dann etwas später, am 9. Oktober 1911, in das Hamburger Handelsregister eingetragen.

Bei ihrer Gründung war die HOCHBAHN, wie die AG schon kurz darauf genannt wurde, mit einem Aktienkapital von 15 Millionen Mark ausgestattet, das in 15 000 Aktien zu je 1000 Mark ausgegeben wurde. Die Siemens & Halske AG steuerte 7 498 000 Mark bei, die AEG 7 499 000 Mark. Jeweils eine Aktie erhielten Emil Rathenau, Generaldirektor der AEG, Siemens-Vorstand Heinrich Schwieger und Siemens-Prokurist Charles Liez.

Die drei staatlichen Vertreter im Aufsichtsrat besaßen kein Stimm-, aber ein Vetorecht. Festgelegt wurde weiterhin, dass die Vorstände der HOCHBAHN unbefristet beschäftigt waren und dass der Aufsichtsrat aus mindestens fünf Männern zu bestehen hatte. Jedes Aufsichtsratsmitglied sollte eine Vergütung von 7,5 Prozent des Reingewinns nach Abzug von 5 Prozent Dividende, mindestens jedoch 2000 Mark jährlich erhalten.

Der Hamburger Staat hatte seinen Anteil an den zu erwartenden Einnahmen gegenüber den Vereinbarungen des Betriebsvertrags noch einmal erhöht: Im Gesellschaftsvertrag wurde festgelegt, dass nun nicht mehr 10 bis 30 Prozent, sondern zwei Drittel des Gewinns an den Staat abflossen und nur das übrige Drittel bei der Hamburger Hochbahn AG verbleiben konnte.

Am 27. Mai 1911 fand die Gründungsversammlung in Hamburg statt, anschließend trat der Aufsichtsrat zum ersten Mal zusammen – als erster Vorstandsvorsitzender der HOCHBAHN wurde Wilhelm Stein bestellt.

Als ein knappes Jahr später das erste Teilstück der neuen Hoch- und Untergrundbahn zwischen Rathausmarkt und Barmbeck feierlich eröffnet wurde (am 15. Februar 1912), waren im Wesentlichen drei Institutionen am neuen Hamburger Verkehrsmittel beteiligt: Eigentümerin der Schienenbauwerke war die Stadt Hamburg. Der Betriebshof mit dem „hauseigenen" Kraftwerk gehörte der Hamburger Hochbahn AG, stand aber auf Grund und Boden, der von der Stadt gepachtet wurde. Die HOCHBAHN übernahm den Betrieb der Bahn auf eigene Kosten. Die Konzession dafür lief über 40 Jahre, wobei sich die Stadt das Recht vorbehalten hatte, nach Ablauf dieser Zeit alle Betriebsanlagen unentgeltlich selbst in Besitz zu nehmen. Bis dahin musste die HOCHBAHN jährlich zwei Drittel ihres Gewinns an den Staat abführen. Mit dem Bau der Bahn schließlich wurde das Berliner Firmenkonsortium, bestehend aus Siemens und der AEG, betraut. Nach der Fertigstellung sollten alle Betriebsmittel in den Besitz der Hamburger Hochbahn AG übergehen.

Logo der Hamburger Hochbahn Aktiengesellschaft, 1912.

HALTESTELLEN – VERWECHSLUNGSGEFAHR AUSGESCHLOSSEN

NAMENSFINDUNG

Erst ab 1910 wurden die Haltestellenbauwerke der Ringlinie errichtet. Die Haltestellen Flurstraße (später Saarlandstraße, das „Tor zum neuen Hamburger Stadtpark") und Sierichstraße waren schon fertig, Eppendorfer Baum war in Arbeit. Noch im Rohbau befanden sich die Haltestellen Hoheluftbrücke und Schlump, am Rödingsmarkt waren erst die Fundamente gelegt.

1911 konnten in der Station Hauptbahnhof die Wandplatten angesetzt werden. An der Haltestelle Mundsburg wurde noch fleißig gearbeitet, am Barmbecker Markt (Dehnhaide) waren die Bauarbeiten abgeschlossen. Den Oberbau der Haltestelle Kellinghusenstraße hingegen hatte die Bauverwaltung gerade erst in Auftrag gegeben. Ein Dreivierteljahr später, im September 1911, begann man mit dem Bau der noch fehlenden Haltestellen: Baumwall, Rödingsmarkt, Hafentor (1912 umbenannt in Landungsbrücken) und Millerntor (heute St. Pauli), wo der ursprüngliche Name „Millernthor" in der schmiedeeisernen Einfassung der Haltestelle zu lesen ist. Das Tor schottete Hamburg gegenüber dem damaligen Vorort St. Pauli ab. Mit der Aufhebung der Torsperre im Jahre 1860 fiel es dann weg.

Die Namen der Haltestellen waren bereits in der Planungsphase festgelegt und Bürgervereine an der Namensfindung beteiligt worden. Dennoch kam es zu vereinzelten Umbenennungen, etwa wenn Verwechslungsgefahr bestand. So wurde die Haltestelle Barmbecker Markt noch vor der Eröffnung in Dehnhaide umbenannt, um sie deutlicher von der Haltestelle Barmbeck abzugrenzen. Für das Berliner Tor verlief die Namensfindung andersherum: Hier legte 1909 die Senatskommission ihr Veto ein und begründete, es gebe schon drei Bahnhöfe mit diesem Namen. Ihr Vorschlag, die Haltestelle stattdessen Beim Strohhause zu nennen, setzte sich im Senat jedoch nicht durch. Der Name Berliner Tor sei deshalb sinnvoll, hieß es, weil er deutlich mache, dass alle hier liegenden Stationen einem einzigen Verkehrskonzept dienten.

Die Umbenennung der Haltestelle Hafentor in Landungsbrücken ging auf das Insistieren der Hamburg-Amerika-Linie zurück und verdeutlichte einmal mehr, was die Besonderheit dieses Standortes ausmachte: Hier trafen und treffen sich bis heute lokale, regionale, nationale und internationale Verkehrsströme – hier „landen" irgendwann alle einmal an.

Hafentor ⟶ Landungsbrücken

Flurstraße ⟶ Saarlandstraße

Barmbecker Markt ⟶ Dehnhaide

Millerntor ⟶ St. Pauli

Strohhause ⟶ Berliner Tor

Barkhof ⟶ Mönckebergstraße

Wagnerstraße ⟶ Hamburger Straße

Volksdorf Nord ⟶ Buckhorn

Lottbek ⟶ Hoisbüttel

Wohldorf ⟶ Ohlstedt

Volksdorf Ost ⟶ Buchenkamp

Ahrensburg ⟶ Ahrensburg West

Ahrensburg Süd ⟶ Ahrensburg Ost

Schmalenbeck West ⟶ Schmalenbeck

Schmalenbeck Ost ⟶ Kiekut

Langenhorn Mitte ⟶ Langenhorn-Markt

1912–1919

»EINE GLÜCKHAFTE FAHRT!«

DER SCHNELLERE WEG ZUR ARBEIT SCHAFFT AUCH EIN NEUES LEBENSGEFÜHL.
MAN KANN JETZT SPÄTER AUFSTEHEN UND HAT MEHR FREIZEIT – ABER DIESE
ANNEHMLICHKEITEN HABEN AUCH IHREN PREIS

DAS ABENTEUER BEGINNT

1912–1919

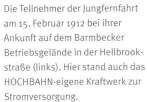

Die Teilnehmer der Jungfernfahrt am 15. Februar 1912 bei ihrer Ankunft auf dem Barmbecker Betriebsgelände in der Hellbrookstraße (links). Hier stand auch das HOCHBAHN-eigene Kraftwerk zur Stromversorgung.

Am 2. Oktober 1911 war die Stromschiene auf der praktisch fertiggestellten Teilstrecke zwischen Barmbeck und Kellinghusenstraße erstmals „scharf geschaltet" worden. Den Strom lieferte das HOCHBAHN-eigene Kraftwerk in Barmbeck, das in unmittelbarer Nähe zum geplanten Stadtpark entstanden war. Dort stand nun weithin sichtbar der größte Schornstein in Hamburg und Umgebung, 80 Meter hoch, mit neun Meter Durchmesser am Fuß. Er erhob sich über die Herzstücke der Anlage: das Kesselhaus, 54 Meter breit und 39 Meter tief, und die Maschinenhalle mit Stromerzeuger und Triebmaschinen, ebenfalls 54 Meter breit und 26 Meter tief (das Kraftwerk wurde zunächst jedoch nur mit halber Kraft betrieben).

Jetzt waren erstmals Probefahrten mit den neuen Triebwagen („T-Wagen" genannt) möglich. Diese Fahrten dienten natürlich nicht nur der technischen Erprobung, sondern auch der Einweisung des Zugpersonals.

Auf dem „Ostring" – dem Streckenabschnitt zwischen Rathausmarkt und Barmbeck – wurde dagegen noch fieberhaft gebaut. Die Jungfernfahrt auf diesem Teil der Ringstrecke war schließlich für den 15. Februar 1912 vorgesehen, doch es gab noch viele „Kleinigkeiten" zu erledigen: Auf der Kuhmühlenteichbrücke beispielsweise fehlte das Geländer.

Zur Eröffnung am 15. Februar 1912 standen zunächst nur wenige Triebwagen zur Verfügung. Schnell wurden aber neue Wagen geordert, sodass der Bestand bis 1915 auf 200 stieg. Die Wagen wurden auf dem Schienenweg angeliefert, denn die HOCHBAHN-Betriebswerkstätten an der Hellbrookstraße

besaßen eine Gleisverbindung zum Güterbahnhof Barmbeck. Den Betriebshof hatte man bereits für die Zukunft gebaut: Die Hallen, die über eine gigantische Drehscheibe an die Gleise angeschlossen waren, boten schon 1915 Platz für 160 Wagen.

Am großen Tag, genau zehn Jahre nach der Eröffnung der Berliner U-Bahn, standen der HOCHBAHN noch nicht alle der bestellten 80 Wagen zur Verfügung, doch täglich trafen neue ein. Es war eine illustre Männergesellschaft, die Haute Volée der Hansestadt, an der Spitze selbstverständlich die hohen Herren aus der Politik, die sich am späten Vormittag auf Einladung der HOCHBAHN in „gepflegter Promenadenkleidung" in der Station Rathausmarkt versammelte. Auf den Einladungsschreiben war penibel vermerkt worden, welchen der beiden Zugänge die Gäste jeweils zu nutzen hatten. An den beiden Bahnsteigen standen U-Bahn-Wagen bereit. Etwa gegen zwölf Uhr setzten sich die Wagen Richtung Barmbeck in Bewegung. An den meisten Stationen bekamen die Premierengäste ausgiebig die Gelegenheit, sich von der geschmackvollen Ausgestaltung der Haltestellen zu überzeugen. Doch erst beim Verlassen der Station Berliner Tor ging ein Raunen durch die Wagen. Denn jetzt hatte man das „richtige" Hochbahnerlebnis. Auf der Kuhmühlenbrücke wurde ein kurzer Zwischenhalt eingelegt, um der Premierengesellschaft den weiten Ausblick bis zur Alster zu ermöglichen. Die HOCHBAHN hatte an alles gedacht – sogar an Behelfsbahnsteige in den Betriebswerkstätten, um den Gästen waghalsige Kletterübungen zu ersparen. Überhaupt betrug der Höhenunterschied zwischen

den Waggonböden und der Bahnsteigkante 25 Zentimeter (und war damit um ein Vielfaches höher als bei der Berliner U-Bahn), doch die Ingenieure gingen davon aus, dass sich die Waggonfedern relativ rasch abnutzen würden. Nach der Besichtigung des neuen Kraftwerks, einem kleinen Wunderwerk der Ingenieurskunst, wurden in einer festlich geschmückten Werkstatthalle die üblichen, anerkennenden Reden geschwungen, bevor dann – endlich – ein „kräftiges Frühstück" gereicht wurde. Andere Quellen sprechen von „Imbiss", beides dürfte untertrieben sein, handelte es sich in Wahrheit doch um ein regelrechtes Festmahl. Mit vollem Bauch und auch ansonsten hochzufrieden, so berichteten Zeitzeugen, fuhr die Gesellschaft am Nachmittag zurück zum Rathausmarkt.

Am 18. Februar kommentierte das „Hamburger Fremdenblatt" die Bedeutung des neuen Verkehrsmittels: „Wenn man bedenkt, dass seit der Eröffnung der ersten Pferdebahn noch nicht ein halbes Jahrhundert vergangen ist, und dagegen hält, wie langsam sich durch die Jahrhunderte hindurch sonst der Verkehr in den Städten entwickelt hat, so muss man anerkennen, dass dieser Fortschritt von der Pferdebahn über die Dampfstraßenbahn und die elektrische Bahn bis zur Hoch- und Untergrundbahn ein ungeheurer, noch nie dagewesener ist. Umwandlungen des Verkehrs pflegen mit der Entwicklung der Städte selbst Schritt zu halten und so kann man wohl mit Recht behaupten, dass sich in diesen Umgestaltungen der gewaltige Fortschritt widerspiegelt, den Hamburg in den letzten fünfzig Jahren durchgemacht hat. Es ist eigentlich eine Umgestaltung von einer deutschen Mittelstadt zur Großstadt und endlich zur Weltstadt."

Auch die „Hamburger Nachrichten" protokollierten die Begeisterung in ihrer Ausgabe vom 25. Februar 1912: „Es war eine glückhafte Fahrt, voller neuer, schöner Eindrücke. Und als ich dem gelben Wagen entstieg und den Bahnhof hinabschritt, klang es in meinem Ohr nicht wie Posthornblasen, sondern lauter und dröhnender: Das Lied von der Kraft des Menschengeistes, der wieder eine neue Brücke geschlagen zwischen Raum und Zeit. Und ein Wunsch stieg in mir auf: Glückauf zum 1. März!"

Bevor diese erste Teilstrecke zwei Wochen später mit bereits 28 Triebwagen für die Öffentlichkeit freigegeben wurde, konnten Bürgervereine, Gewerbebünde, Schulklassen und Mitglieder von Grundeigentümervereinen eine kostenlose Probefahrt mit der U-Bahn unternehmen. In den ersten vier

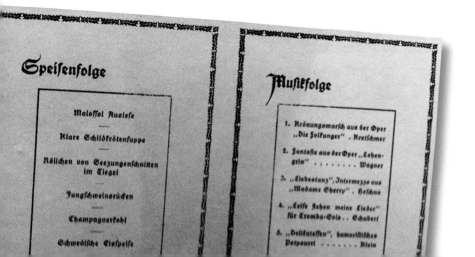

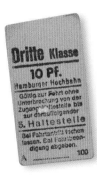

Das Unternehmen achtete beim Haltestellenbau stets auf eine formvollendete Architektur, die sich in das jeweilige Stadtviertel einfügte – hier die Haltestelle Berliner Tor.

FAHRKARTENPREISE 1912

FAHRSCHEINE	2. KLASSE FAHRPREIS*	3. KLASSE FAHRPREIS*
Einzelfahrten		
bis zu 5 Haltestellen	0,15	0,10
bis zu 10 Haltestellen	0,20	0,15
über 10 Haltestellen	0,30	0,20
Dauerkarten		
für ein Kalenderjahr bis zu 8 Haltestellen	110,00	80,00
für jede anschließende weitere Haltestelle	7,00	5,00
Dauerkarten für ein Kalenderjahr auf der gesamten Linie	200,00	150,00
Vierteljahreskarten bis zu 8 Haltestellen		
1. Vierteljahr	38,00	28,00
2. Vierteljahr	32,00	23,00
3. Vierteljahr	27,00	19,00
4. Vierteljahr	23,00	15,00
Jede weitere Haltestelle		
1. Vierteljahr		2,00
2. Vierteljahr		1,50
3. und 4. Vierteljahr		1,00
Wochenkarten		
für den Frühverkehr an Werktagen		0,55
für den Frühverkehr an Werktagen mit Rückfahrt		1,10

* Fahrpreis in Mark

Tagen nach der Jungfernfahrt, so meldeten es die „Hamburger Nachrichten", hatten sich bereits über 50 000 Personen angemeldet.

Doch ab dem 1. März des Jahres 1912 kostete es dann Geld, Hochbahn zu fahren. An diesem ersten Tag der offiziellen Inbetriebnahme nutzen 60 000 Hamburger die U-Bahn. Sie hatten die Wahl zwischen zweiter Klasse, wo man auf Kunstledersitzen saß, und der dritten Klasse mit Holzbänken aus poliertem Mahagoni – eine erste Klasse gab es nicht. Die Fahrpreise waren – für die damalige Zeit – ziemlich happig, und Kinder im Alter von über einem Jahr zahlten bereits den vollen Preis!

Schwarzfahrer hatten praktisch keine Chance: Die Fahrkarten wurden vorm Betreten des Bahnsteigs grundsätzlich kontrolliert und mit einem „Bahnhofskürzel" gelocht. So konnten die Kontrolleure am Zielbahnhof feststellen, ob der Fahrgast auch den korrekten Preis entrichtet hatte, andernfalls hätte er nachlösen müssen. Einen „Übergangstarif" zur Straßenbahn sowie zu der Stadt- und Vorortsbahn gab es (noch) nicht.

Die Einzeltarife der Hoch- und Untergrundbahn entsprachen in etwa denen der Vorortsbahn von Blankenese nach Ohlsdorf. Nur für Vielfahrer war die spätere S-Bahn wesentlich preiswerter. Für sich genommen und aus heutiger Sicht betrachtet, mögen diese Fahrpreise nicht hoch erscheinen. Vergleicht man sie jedoch mit den Löhnen zu jener Zeit, wird deutlich, dass nicht alle sich das neue Verkehrsmittel auch

leisten konnten. Zu Beginn des 20. Jahrhunderts verdiente ein Arbeiter rund 27 Mark, ein höher qualifizierter Maurer rund 40 Mark pro Woche. Um nicht in die Armut abzurutschen, musste ein Arbeiter rund 1200 Mark im Jahr verdienen; bei 52 Wochen Arbeit also 23 Mark pro Woche. Immerhin: Für Arbeiter gab es spezielle verbilligte „Arbeiterfrühfahrkarten", die für die Hinfahrt bis sieben Uhr morgens und zur beliebigen Rückfahrt gültig waren.

Mit Hochdruck wurde nun daran gearbeitet, die restlichen Abschnitte der Ringlinie fertigzustellen. Insbesondere musste im westlichen Ringabschnitt die Stromversorgung noch hergestellt werden, das Unterwerk an der Heilwigstraße befand sich noch im Bau, und das Kraftwerk in Barmbeck arbeitete ebenfalls noch mit halber Kraft. Weiterhin waren das Viadukt in der Isestraße und die Haltestelle Rödingsmarkt noch nicht fertig. Es gab noch einige Baustellen, die eine Betriebsaufnahme zunächst verhinderten, aber die Bauverwaltung unter Wilhelm Stein hoffte, dass die HOCHBAHN die Ringlinie bis zum Sommer komplett würde in Betrieb nehmen können – die Bauarbeiten auf den geplanten Zweigstrecken liefen zu diesem Zeitpunkt gerade erst an.

EIN NEUES LEBENSGEFÜHL

Am 29. Juni 1912 waren die vier Teilabschnitte endlich fertiggestellt, und die Ringlinie ging zusammenhängend in Betrieb. Die Züge fuhren im Zehn-Minuten-Takt, auf dem Ostring alle

fünf Minuten. Zur Hauptverkehrszeit wurden „Vierwagenzüge" eingesetzt, ansonsten fuhr die U-Bahn mit „Zweiwagenzügen". Insgesamt standen nun 80 Wagen zur Verfügung, doch schon bald wurde deutlich, dass dies selbst kurzfristig nicht ausreichen würde.

Die HOCHBAHN hatte die Begeisterung, die das neue Verkehrsmittel in der Bevölkerung entfachte, unterschätzt. Am 8. Dezember 1912 – dem Rekordtag jenes Jahres – nutzten knapp 150 000 Menschen die Hochbahn (die meisten von ihnen fuhren zum Hamburger Winterdom); durchschnittlich zählte man täglich 100 000 Fahrgäste. Während des Berufs- und Feiertagsverkehrs waren die Wagen, vor allem in Barmbeck, häufig völlig überfüllt, und das Personal war gezwungen, die Bahnsteige wegen Überfüllung kurzzeitig zu sperren. Umso erstaunlicher mutet es heute an, dass der Senat entgegen dem Wunsch des HOCHBAHN-Vorstands und des Aufsichtsrats dennoch hartnäckig an der Klasseneinteilung festhielt: die teurere zweite Wagenklasse war stets nur etwa zu zehn Prozent ausgelastet. Die Beschwerden häuften sich, die HOCHBAHN verlängerte die Züge, doch erst im Jahre 1920 sollte die „Einheitsklasse" kommen.

Alle, die zur Arbeit mussten, konnten jetzt morgens später aufstehen und hatten abends mehr Zeit, ihren Feierabend zu genießen. Diese neue, schnelle Art der Fortbewegung dokumentierte das neue „urbane Lebensgefühl". Sie veränderte die Wahrnehmung und das Verhalten der Menschen, die sie nutzten. Die rasant wachsende industrielle Gesellschaft

Bis zum Ausbruch des Ersten Weltkrieges entwickelte sich das Verkehrsaufkommen zur Zufriedenheit des Unternehmens. Weitere Triebwagen wurden angeschafft und die Kapazitäten im Kraftwerk erweitert, um das steigende Fahrgastaufkommen bewältigen zu können.

Das Viadukt am Rödingsmarkt – ein Hauch von Chicago.

Die U-Bahn-Waggons der ersten Generation waren noch in 2. und
3. Klasse eingeteilt. Und das Rauchen war erlaubt. Ab dem Jahr 1920
gab es nur noch eine Klasse.

1912–1919

Das Viadukt am Baumwall
um das Jahr 1912.

verlangte von ihnen immer mehr Schnelligkeit und Pünktlichkeit, was die HOCHBAHN zuverlässig unterstützte und damit
sicherlich auch einen Beitrag zur Steigerung der Produktivität
in Hamburg leistete.

Darüber hinaus traten noch zwei weitere bemerkens-
werte Effekte ein: Zum einen kamen sich die Menschen aus
den verschiedenen Gesellschaftsschichten zumindest auf den
Bahnsteigen näher (und ab 1920 eben auch in den nun „klas-
senlosen" Wagen). Außerdem machte es Spaß, vom Viadukt
in der Isestraße den Gutbürgerlichen, die sich diese Wohnungen leisten konnten, in die „gute Stube" zu linsen. Zum anderen hatte ein U-Bahn-Anschluss tatsächlich den erwünschten,
positiven Effekt auf die Bevölkerungsentwicklung in den jeweiligen Wohngebieten. Zwischen 1910 und 1915 registrierte
man beispielsweise in Barmbeck 36000 neue Einwohner.
Das Gaswerk, der Betriebsbahnhof der HOCHBAHN, der Güterbahnhof, das neue Allgemeine Krankenhaus Barmbeck, die
Hamburgische Schiffsversuchsanstalt, die Müllverbrennungs-
anlage und nicht zuletzt das Elektrizitätswerk in der
Hellbrookstraße sorgten für Arbeitsplätze. In den breiten
Straßen standen nun immer mehr bürgerliche Häuser mit
Mietskasernen und Genossenschaftsbauten Seite an Seite;
neue Schulbauten dokumentierten den Zuwachs an kinder-
reichen Familien, das Kaufhaus Heilbuth (1903) an der Ecke
Rönnhaidstraße (heute Adolph-Schönfelder-Straße) und
Hamburger Straße sowie die Warmbadeanstalt in der
Bartholomäusstraße (eröffnet im Jahre 1908) verhalfen dem

traditionellen Arbeiterstadtteil, in dem noch immer vorzugs-
weise Barmbecker Platt gesprochen wurde, zu mehr groß-
städtischem Flair.

DIE SCHATTEN DES KRIEGES

In den ersten beiden Betriebsjahren fuhr die HOCHBAHN zwar
bereits Gewinne ein, aber betriebswirtschaftlich betrachtet
(und von den Fahrgastzahlen erst recht) lag sie weit hinter
der mächtigen Straßenbahngesellschaft SEG und der preußischen Stadt- und Vorortsbahn zurück. Dennoch stellte die
HOCHBAHN die Weichen auf Expansion, denn allgemein war
man der Ansicht, dass der öffentliche Nahverkehr in Hamburg
ein Wachstumsmarkt war. Durch die Eingemeindungen der
Hamburger Landgebiete (Billbrook, Waltershof, Alsterdorf,
Groß-Borstel, Ohlsdorf, Fuhlsbüttel und Langenhorn waren
jetzt offiziell „Stadtteile") wurde Hamburg zur Millionenstadt.

Die beiden Staatsbahnen heraus in die Hamburger Exklaven baute die Stadt. Im Betriebsvertrag zwischen der
HOCHBAHN und der Stadt wurde am 30. April 1914 festgelegt,
dass die Hamburger Hochbahn AG sowohl die Walddörferbahn
als auch die Langenhorner Bahn betreiben sollte – wenn auch
nur unter großen Zugeständnissen der Stadt. Die HOCHBAHN
hatte sich verständlicherweise gegen den Betrieb der beiden
Staatsbahnen gesträubt, da sie nicht profitabel waren. Doch
jetzt würden die zu erwartenden Betriebsverluste von der
Stadt Hamburg ersetzt werden. Die Stadt wiederum hoffte,

Der Ausbau des „Rings" zum „Stern" schreitet voran: Mit Hochdruck wird an den Zweigstrecken nach Rothenburg (hier: Billhornerbrücke) und in die Walddörfer (unten und rechts) gebaut.

1912–1919

H.442. 4.

diese Verluste durch höhere Steuereinnahmen kompensieren zu können, indem man „nicht dem bestehenden Verkehr diente", sondern die Ansiedlung gut betuchter Bürger in den als besonders „gesund" geltenden Waldgemeinden förderte. Nicht umsonst existierte in Großhansdorf schon seit dem Jahr 1900 eine Klinik für „Bleichsüchtige", wie man damals die Tuberkulosekranken bezeichnete.

Ansonsten war die HOCHBAHN voll und ganz damit beschäftigt, den Ausbau des „Rings" zum „Stern" voranzutreiben – mit Zweigstrecken nach Eimsbüttel, Ohlsdorf und Rothenburgsort. Gleichzeitig wurden neue Wagen geordert und das 46 000 Quadratmeter große Betriebsgelände an der Hellbrookstraße dem gestiegenen Aufkommen angepasst.

Eine erste Bewährungsprobe hatte das junge Unternehmen zu bestehen, als die Bediensteten am 1. Februar 1913 für höhere Löhne streikten. Blockwärter (sie bedienten die halbautomatischen Signale – ohne Blockwärter musste auf Sicht gefahren werden), Weichensteller, Fahrer, Zugbegleiter, Bahnsteigwärter, Fahrkartenschaffner – zum großen Teil auch die Stationsaufseher – blieben zu Hause. Auf den Bahnhöfen drängelten sich die Fahrgäste, der Betrieb konnte nur mühsam und lückenhaft mit einigen Aufsichtsbeamten aufrechterhalten werden. Nach eineinhalb Tagen wurde eine Lohnerhöhung um sieben Prozent vereinbart, und jetzt wurden – sicherlich auch auf Bestreben des Vorstandsvorsitzenden Wilhelm Stein, der zu Beginn seiner Karriere bei Siemens die damals revolutionären Sozialleistungen dieses Großunternehmens kennengelernt hatte – eine Pensionskasse, eine Betriebskrankenkasse, eine Invalidenversicherung sowie ein „Unterstützungsverein" bei der HOCHBAHN eingeführt. Damit waren die Hochbahner, soweit es ums Verdienen ging, den „Kollegen" bei der Straßenbahn gleichgestellt (auch wenn diese zusätzlich von Trinkgeldern profitierten, die sie manchmal beim persönlichen Fahrkartenverkauf kassierten). Fahrzeugführer der HOCHBAHN, die als angelernte Arbeiter galten, begannen ihr Berufsleben mit 125 Mark Monatsgehalt, das sich im Laufe der Zeit auf bis zu 155 Mark steigern konnte.

Allen angelernten Arbeitern und Angestellten wurden vom Gehalt noch Versicherungsbeiträge abgezogen. Ein Fahrkartenschaffner beispielsweise verdiente bei der Hamburger Hochbahn AG im ersten Dienstjahr monatlich 106 Mark. Davon gingen 3,12 Mark für die Betriebskrankenkasse, 1,04 Mark für die Invalidenversicherung und 85 Pfennig für den Unterstützungsverein ab. Ausgezahlt bekam er also 100,99 Mark.

Nach einer Erhebung aus dem Jahr 1907 verbrauchte ein Arbeiterhaushalt mit einem Hauptverdiener und drei bis fünf Kindern von seinen 100 Mark monatlichem Lohn wenigstens 56 Mark für Nahrungsmittel, 12 Mark für die Wohnung und 18 Mark für Kleidung. Damit blieben für alles Übrige – auch für die Fahrkarte – noch maximal 14 Mark im Monat …

Doch all dies war ab dem 1. August 1914 eigentlich nur noch nebensächlich, als Kaiser Wilhelm II. seinen Landsleuten verkündete: „Es muss denn das Schwert nun entscheiden. Mitten im Frieden überfällt uns der Feind. Darum auf zu den Waffen!

Als immer mehr Hochbahner an die Front müssen, sind plötzlich die Frauen am Zug und sorgen dafür, dass der öffentliche Nahverkehr leistungsfähig bleibt.

Jedes Schwanken, jedes Zögern wäre Verrat am Vaterlande ..." Die komplizierte europäische Bündnispolitik jener Zeit, verbunden mit verhängnisvollem Hurra-Patriotismus und grandioser Selbstüberschätzung, hatte das Deutsche Reich in den Ersten Weltkrieg eintreten lassen.

Auch Wilhelm Stein, überzeugter Hauptmann der Reserve, wurde einberufen – und mit ihm zunächst rund 60 Prozent des HOCHBAHN-Personals. Die Leitung des Unternehmens übernahmen die beiden Prokuristen Mattersdorf und Liez kommissarisch. Zwei Jahre später, als die Fronten im Westen und im Osten längst in einem erbarmungslosen Stellungskrieg erstarrt waren, kämpften gar 98 Prozent des männlichen Betriebspersonals der HOCHBAHN auf dem „Feld der Ehre". In den Geschäftsberichten tauchten selbstverständlich auch die Namen der Gefallenen auf – im Bericht aus dem Jahre 1915 war es eine Liste mit 66 Namen (Wilhelm Stein sollte den Ersten Weltkrieg überleben).

Spätestens jetzt rächte sich die Einstellungspolitik der HOCHBAHN. Im Jahre 1911, als man auf einen Schlag über 1000 Arbeitsplätze zu vergeben hatte, lautete die erste Frage an den (männlichen) Bewerber stets: „Haben Sie gedient?" Denn für Anwärter auf einen Posten im Aufsichtsdienst war ein Unteroffiziersrang Pflicht.

Dahinter stand aber nicht nur das „wilhelminische Faible" für alles Militärische, für

Ordnung, Pünktlichkeit und Disziplin. Vielmehr gab es auch praktische Gründe, die sich vor allem auf die Arbeit der Aufsichtsbeamten für Strecken und Haltestellen bezog: Die fungierten nämlich zugleich als Bahnpolizei, waren bei der Hamburger Polizei ausgebildet worden und zum Tragen einer Dienstpistole verpflichtet.

Jetzt sorgten auf einmal Frauen für den Betrieb. Vorher allenfalls in der Telefonzentrale, als Schreibkraft oder bei der Fahrkartenausgabe beschäftigt, standen sie nun an den Schaltstellen der Signalblöcke, kuppelten die Triebwagen oder stemmten Gleise auf der Strecke. Vor dem Krieg wäre es undenkbar gewesen, diese zum Teil schweren körperlichen Arbeiten von Frauen verrichten zu lassen. Allerdings konnte von besonderer Rücksichtnahme gegenüber dem „schwachen Geschlecht" im Grunde schon im Jahre 1912 nicht die Rede sein: So arbeiteten die Fahrkartenverkäuferinnen im Schichtdienst acht Tage lang, jeweils zehneinhalb Stunden. Jeden Tag drohte ein Fehlbetrag in der Kasse, den sie aus eigener Tasche zu begleichen hatten. Von den 75 Mark Lohn pro Monat wurden ihnen noch Kranken- und Invalidengeld abgezogen. Zum Vergleich: Ein ungelernter Arbeiter auf dem Bau kam zur selben Zeit auf 100 Mark im Monat – wenn auch nicht so regelmäßig wie eine Fahrkartenverkäuferin. Deren Arbeitszeiten zählten zu den längsten aller HOCHBAHN-Angestellten, die vorwiegend sitzende Tätigkeit galt dafür als vergleichsweise leicht. Erwähnenswert ist, dass etwa zehn Prozent der Fahrkarten damals bereits

Hamburger Hochbahn Aktiengesellschaft **48**

Auszug
aus der
Satzung der Betriebskrankenkasse
und Krankenordnung.

über einen „elektrischen Fahrkartenselbstverkäufer" verkauft wurden – ein feines Stück Ingenieurstechnik der Berliner Eisenbahn-Fahrkarten- und Billet-Automaten-Gesellschaft mbH, das sogar schon einen Münzprüfer besaß.

Der Krieg hatte das Unternehmen in einem äußerst ungünstigen Moment getroffen, da es sich noch mitten im Aufbau befand. Der Betrieb auf der Ringlinie spielte sich gerade ein, auch waren nicht alle Bauarbeiten abgeschlossen. Daher war Improvisationstalent gefragt; der Fahrplan wurde ausgedünnt, und das verbliebene Personal schob massenhaft Überstunden. Das HOCHBAHN-eigene Kraftwerk musste schon bald von Kohle auf Koks umstellen. Doch je länger der Krieg dauerte, desto schlechter wurde die Versorgungslage der Bevölkerung – und auch in der Industrie wurden die Rohstoffe knapp. Nicht wenige Betriebe im Hafen mussten ihre Produktion einstellen. Das sorgte – zumindest vorübergehend – für weniger Fahrgäste, doch dies sollte sich ab 1916 schon wieder ändern.

Zunächst registrierte man geradezu inflationäre Preissteigerungen. Zugleich stiegen auch die Personalkosten – etwa durch Teuerungszulagen und durch freiwillige Unterstützung von Kriegsteilnehmern sowie die Ausbildungskosten für das ersatzweise eingestellte Personal. Das Einfachste wäre es nun gewesen, die Fahrpreise zu erhöhen, doch das war der HOCHBAHN verboten. Stattdessen mussten Kriegsteilnehmer – Soldaten und Verwundete, aber auch das Krankenpflegepersonal – unentgeltlich befördert werden.

Andererseits verbilligten sich durch die fortlaufende Geldentwertung auch die (eingefrorenen) Fahrpreise, und die Menschen waren mehr denn je auf die Hochbahn angewiesen: Sie legten auf ihrer Suche nach Waren („Hamsterkäufe") zum Teil weite Strecken zurück, darüber hinaus war die Paketzustellung kriegsbedingt eingestellt worden. Und da auch die Zweigstrecken voll in Betrieb gegangen waren, stiegen im dritten Kriegsjahr die Fahrgastzahlen wieder – um 50 Prozent gegenüber dem Jahre 1913. Wirtschaftlich betrachtet grenzte es dennoch an ein Wunder, dass die HOCHBAHN in den vier Kriegsjahren ihren Aktionären Dividenden zahlen und darüber hinaus über eine Million Mark an die Stadt abführen konnte.

1917 wurde aufgrund der Kohleknappheit die Alsterlinienschifffahrt (mit Ausnahme der Fähre) eingestellt. Die Schiffe begannen zu verrotten, die Alster-Dampfschiffahrts-Gesellschaft verlor ihre finanzielle Kraft. Später sollte sie nie mehr die Bedeutung, die sie vor Inbetriebnahme der U-Bahn-Ringlinie hatte, erreichen. Auch der Straßenbahnverkehr in Hamburg musste teilweise wegen der miserablen Versorgungslage eingestellt werden – aber die mächtige SEG hatte zu diesem Zeitpunkt auch noch ein weitaus schwerwiegenderes Problem.

EIN NEUES UNTERNEHMEN ENTSTEHT

Anfang 1918 gab es wie in anderen Großstädten auch in Hamburg die Überlegung, den öffentlichen Nahverkehr zu „entpri-

Im weiteren Verlauf des Ersten Weltkrieges übernahmen die Frauen zum Teil auch schwere körperliche Arbeiten, die bis dahin Männersache gewesen waren.

vatisieren" und in gemeinwirtschaftliche Unternehmen – die in den Händen des Staates liegen sollten – umzuwandeln. Die Infrastruktur des Hochbahn-Netzes befand sich ja sowieso bereits im Besitz der Stadt. Darüber hinaus bestand im Senat weitgehende Einigkeit, die Betriebskonzession der mächtigen SEG nicht mehr zu verlängern. Letztlich spielte Hamburg eine Vorreiterrolle, und es war vor allem der große Albert Ballin (erster HOCHBAHN-Aufsichtsratsvorsitzender 1911–1918), der unermüdlich die Vorteile eines allumfassenden privaten Nahverkehrsunternehmens pries. Vermutlich besaß Ballin damals schon die Vision eines Verkehrsverbundes mit fließenden Umsteigemöglichkeiten für die Fahrgäste und stabilen, sozial und marktgerechten Fahrpreisen. Darüber hinaus hatte man in Hamburg von Anfang an außerordentlich hohen Wert auf die betriebliche Sicherheit gelegt.

Ausgerechnet bei der Straßen-Eisenbahn-Gesellschaft häuften sich zu dieser Zeit jedoch Pannen, die sich inzwischen zu einem ernsthaften Problem für die Stadt entwickelt hatten. Doch das hochprofitable Unternehmen investierte nur noch das Nötigste in Waggons und technische Anlagen (und schon gar nichts in die Erschließung neuer Strecken!), denn die Chancen auf eine Konzessionsverlängerung über das Jahr 1922 hinaus standen schlecht. Die Aktionäre der SEG fürchteten um ihre jährliche Dividende von rund zehn Prozent und weigerten sich standhaft, die Aktienmehrheit der Stadt zu übertragen, um im Gegenzug dafür die Konzessionsverlängerung zu erhalten.

Die Straßenbahnen der SEG (Straßenbahn-Eisenbahn-Gesellschaft). Sie wurde 1919 von der HOCHBAHN übernommen.

Als herrschte tiefster Frieden, nahm sich die Bürgerschaft viel Zeit für die Beratungen, aus denen ein paar Monate später das seinerzeit größte Nahverkehrsunternehmen des Kaiserreichs (und ein gutes Jahr später der Weimarer Republik) hervorgehen sollte. Es war ein kompliziertes Regelwerk, das da geschaffen wurde. Letztlich gingen sämtliche von der HOCHBAHN genutzten Baulichkeiten eigentumsrechtlich an die HOCHBAHN (mit Ausnahme der beiden Staatsbahnen nach Ochsenzoll und Großhansdorf bzw. Wohldorf-Ohlstedt). Dafür erhielt die Stadt die Aktienmehrheit im „neuen" Unternehmen. Nachdem jedoch die Aktionäre der SEG abgefunden worden waren und sich dann auch die (defizitäre) Alsterschifffahrt unterm HOCHBAHN-Dach wiederfand, wurde aus dem mittelständischen Unternehmen praktisch über Nacht ein Konzern mit mehr als 7300 Beschäftigten und 255 Millionen Fahrgästen pro Jahr. Das Grundkapital war um gut 33 Millionen Mark erhöht worden. Die HOCHBAHN betrieb praktisch das gesamte Hamburger Straßenbahnnetz (im Jahre 1922 wurde mit der Hamburg-Altonaer Centralbahn-Gesellschaft schließlich die letzte private Straßenbahn „geschluckt"), die Alster- und Hafenschifffahrt und die U-Bahn sowieso. Hinzu kam die erfolgreiche Waggonfabrik der SEG am Falkenried. Der Vorstand musste dementsprechend erweitert werden: Als Wilhelm Stein aus dem Krieg heimkehrte – die Kriegshandlungen wurden erst am 11. November 1918 eingestellt –, gesellten sich Carl Walther (ehemals SEG-Vorstand), Charles Liez, Dr. Max Mummsen und Dr. Wilhelm Mattersdorf an die Seite des Vorstandsvorsitzenden. Diese fünf Männer sollten

praktisch während der gesamten Ära der Weimarer Republik die Geschäfte der HOCHBAHN führen.

In der Folgezeit gaben die bisherigen Hauptaktionäre, Siemens und die AEG, ihre Aktienpakete stückweise zurück. Die HOCHBAHN wurde so – vor allem in den Augen der Öffentlichkeit – zum „Staatsunternehmen". Das hatte allerdings nicht nur Vorteile, denn jetzt konnte die Politik verstärkt Einfluss auf die „unternehmerische Gestaltungsfreiheit" nehmen. So sollte das Unternehmen nicht selten zwischen die Fronten verschiedener Interessengruppen geraten: Während sich die Finanzpolitiker Überschüsse erhofften, die Verkehrspolitiker höhere Leistungen zu niedrigeren Preisen forderten und die Sozialpolitiker vor allem sogenannte Sozialtarife für bestimmte Bevölkerungsgruppen durchdrücken wollten, nutzten auch die Hochbahner im Zuge der Novemberrevolution ihre Machtstellung aus und forderten mehr Lohn sowie den Acht-Stunden-Tag. Sie streikten vom 12. bis einschließlich 21. Februar 1919 – und setzten ihre Forderungen weitgehend durch. So wurde erstmals seit dem Jahre 1912 eine Erhöhung der Fahrpreise notwendig. Denn auch die Kohlesituation – der Preis für eine Tonne hatte sich gegenüber der Friedenszeit inzwischen vervierfacht – ließ zu wünschen übrig. Häufig war der Brennstoff fürs Kraftwerk so knapp, dass er nach Einschätzung der Betriebsleitung „höchstens noch einen Tag reichte". Mehrmals musste der Abendverkehr eingestellt werden. So wie das ganze Land litt auch die HOCHBAHN in diesen stürmischen Zeiten.

DER MANN, DER DAS BILD DES NEUEN HAMBURG
ENTSCHEIDEND BEEINFLUSSTE

EIN BAUMEISTER
AUS SCHWABEN

Emil Schaudt, einer der prägenden Architekten der frühen Hamburger U-Bahn, wurde 1871 in Stuttgart geboren. In seiner Heimatstadt begann er mit dem Architekturstudium, das er an der Technischen Hochschule Wien abschloss. Als jungen Berufsanfänger lockte ihn natürlich Berlin mit seinen großen Repräsentationsbauten. Er arbeitete zunächst im Büro des Reichstagsarchitekten Paul Wallot sowie bei dem renommierten kaiserlichen Hofarchitekten Ernst von Ihne, dessen Kaiser-Friedrich-Museum, das heutige Bodemuseum, seit 1897 im Bau war. Renaissance und Barock waren die stilistischen Vorbilder seiner Lehrer.

Dieser Historismus beherrschte das wilhelminische Berlin, als Emil Schaudt sich im Jahre 1901 selbstständig machte. Der berufliche Durchbruch gelang ihm schon ein Jahr später in Hamburg mit dem Bau des Bismarck-Denkmals und dem Entwurf der besonders repräsentativen Haltestellen Landungsbrücken und St. Pauli sowie der meisten Brücken und Haltestellen des Westabschnitts der Ringlinie. Außerdem entwarf er das Kraftwerk der HOCHBAHN an der Hellbrookstraße in Barmbeck.

Emil Schaudt versuchte dann, mit weiteren Bauten in Hamburg Fuß zu fassen. Mit Walther Puritz gemeinsam (der für die Haltestelle Klosterstern verantwortlich zeichnete sowie in den 1950er-Jahren den Umbau der Haltestelle Volksdorf begleitete) entwarf er gemeinsam die Kontor- und Geschäftshäuser am Alten Wall 10 und 12. In den Jahren 1909 und 1910 entstand das Curiohaus in der Rothenbaumchaussee,

doch mangels Folgeaufträgen kehrte er schließlich nach Berlin zurück. Dort spezialisierte Schaudt sich auf den Bau von Waren- und Geschäftshäusern – unter anderem schuf er das heute weltbekannte Kaufhaus des Westens (KaDeWe). Emil Schaudt starb im Alter von 85 Jahren 1957 in Berlin.

Lübecker Straße

NÄCHSTER HALT

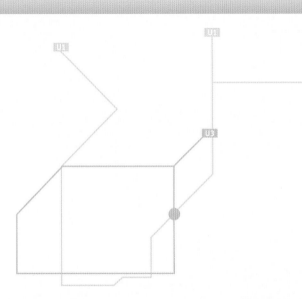

Im Verlauf der Ringlinie war 1910 das erste Eingangsgebäude der Haltestelle Lübecker Straße nach dem Entwurf der Architekten Raabe und Wöhlecke entstanden. Der eingeschossige Bau aus Naturstein besaß ein kupfergedecktes Mansardendach, gekrönt von einem zierlichen Türmchen. Über zwei getrennte Treppen erreichte man die direkt unter dem Straßenniveau liegenden Seitenbahnsteige.

Mit der neuen, zusätzlichen Strecke (U1, Wandsbeker Linie) wurde die Lübecker

Der Umbau der Haltestelle Lübecker Straße zur Umsteige-Haltestelle war eine große architektonische Herausforderung.

Straße Anfang der 1960er-Jahre zur Umsteigestation. Die im Kreuzungsbereich der beiden Tunnelstrecken liegende alte Bahnsteighalle musste unterfahren werden. Die Erschließung der alten und neuen Bahnsteige über vier getrennte Treppenanlagen war jedoch nicht möglich – das Bahnhofsgebäude musste abgerissen werden.

Wegen der flachen Lage des Ringlinientunnels konnte auch keine gemeinsame unterirdische Schalterhalle für beide Strecken konzipiert werden. Stattdessen kam nur ein oberirdisches Eingangsgebäude für die notwendigen Sperrenanlagen in Betracht. Die Architekten Sandtmann und Grundmann machten aus dieser „Not" eine Tugend und entwarfen eine kreisförmige Überdachung, die an einen überdimensionalen, aufgespannten Regenschirm erinnert. Obwohl der Durchmesser dieser Kuppel aus Stahlbeton volle 21 Meter beträgt, ist sie in ihrem Scheitelpunkt nur 6,5 Zentimeter dick und benötigt weder „Versteifungen" noch Zugbänder. Im Eingangsbereich findet man Reliefs des Bildhauers Hans Kock, die Blatt- und Baummotive zeigen. Dieser gleichsam freischwebende Stationsneubau aus dem Jahre 1961 gilt inzwischen als Architekturklassiker.

Nach dem Abriss des alten Bahnhofsgebäudes „landete ein Ufo" an der Lübecker Straße.

FAHRGÄSTE SUCHT MAN AUF DER VERMUTLICH
WICHTIGSTEN HALTESTELLE VERGEBENS

HELLBROOKSTRASSE

1912–1919

Der Betriebshof war und ist so etwas wie das technische Herz der Hochbahn. Hier wird auch noch heute dafür gesorgt, dass die Züge technisch und optisch tipptopp sind.

Von allen Haltestellen der HOCHBAHN ist Hellbrookstraße vielleicht die wichtigste. Fahrgäste sucht man hier jedoch vergebens, denn hier werden die U-Bahn-Fahrzeuge gewartet und repariert.

Die ursprüngliche „Servicestation" mit ihren 24 Gleisen und einem besonderen Stumpfgleis mit einer Drehscheibe (inzwischen demontiert) wurde 1912 eröffnet. 46 000 Quadratmetern standen für das eigene Kraftwerk der HOCHBAHN, das Verwaltungsgebäude mit diversen Büros für den Vorstand und die Administration sowie großzügigen Wasch- und Speiseräumen, die Hauptwerkstatt und die Wagenhallen zur Verfügung. Obwohl anfangs nur 80 Wagen vorhanden waren, wurde der Betriebshof schnell für 160 Wagen erweitert. Doch bald reichte auch das nicht mehr, und die HOCHBAHN richtete in der Flurstraße einen weiteren, kleineren Betriebshof mit einer Abstellanlage ein. Hier entstand zwischen 1924 und 1927 unter anderem eine Wagenhalle für 48 Triebwagen.

Im Kraftwerk an der Hellbrookstraße wurden Tonnen von Kohle für die Erzeugung elektrischen Stroms verfeuert. Die Bauverwaltung hatte auch hier für eine ansprechende Architektur gesorgt: Der mit einem Ziegelmuster verzierte Schornstein war ebenso wie das Kesselhaus von fast allen Punkten des Stadtparks aus zu sehen. Die Pfeiler des Maschinenhauses waren durch hohe Fenster unterbrochen, der Sockel aus bunten Mecklenburger Klinkern gemauert.

Auf einem 78 Meter langen Eisengerüst mit zwei 55 Meter voneinander entfernten Schienen fuhr ein elektrisch angetrie-

In Barmbeck stieß die Walddörferbahn über das Viadukt auf die Ringlinie.

Tausende Tonnen von Kohle rutschten über die Kohlenschüttanlage im Kesselhaus des Kraftwerks zur Stromgewinnung in die Öfen.

1912–1919

bener Verladekran, die sogenannte Laufkatze, mit dem die Kohlen aus den im neu angelegten Stichkanal beim Kraftwerk liegenden Schuten gelöscht wurden. Unterirdisch ging es weiter in eine vollautomatische „Kesselbeschickung". Stündlich gelangten so 20 Tonnen Kohle direkt unter das Kesselhaus. Dort wurden sie senkrecht in die Höhe geschoben und zu den fünf großen Wasserrohrkesseln gebracht, die von L. & C. Steinmüller, der Deutschen Babcock & Wilcox Dampfkessel-Werke AG gebaut wurden. Der Dampf trieb drei große Turbodynamos der AEG an, die insgesamt einen mehrphasigen Wechselstrom von 6000 Volt Spannung erzeugten, der über Hochspannungskabel an die Unterwerke im Hauptbahnhof und in der Heilwigstraße geleitet wurde. Dort wurde Wechselstrom in 800-Volt-Gleichstrom umgewandelt, der den Betrieb der Triebwagen erst ermöglichte. Mit Akkumulatorbatterien ließ sich Strom speichern, um Stromschwankungen zu vermeiden. Als die HOCHBAHN im Jahre 1934 in eine finanzielle Schieflage geriet, wurde das technische Innenleben des Kraftwerks an die Hamburgischen Electricitäts-Werke verkauft. Die HEW betrieben es noch ungefähr ein Jahr weiter, dann wurde es ausgeschlachtet. Die Halle selbst steht noch und wird von der HOCHBAHN als Lager und Werkstatt genutzt.

Heute befindet sich auf dem Betriebshof an der Hellbrookstraße zusätzlich die „Halle 13", das Sport- und Kommunikationszentrum der HOCHBAHN. Es bietet den rund 4400 Mitarbeiterinnen und Mitarbeitern und ihren Familien auf 1600 Quadratmetern eine Vielzahl von Möglichkeiten, etwas für die Fitness oder Entspannung zu tun. Die Sporthalle, der Gymnastiksaal und die Sauna stehen sowohl den Betriebssportgruppen als auch privaten Trainingsrunden zur Verfügung. Die moderne Gastronomie hält ein umfangreiches Angebot an Speisen und Getränken bereit, und zwei Veranstaltungssäle können für private Feste genutzt werden. Die Verwaltung und die Betriebszentralen für U-Bahnen und den Busverkehr befinden sich dagegen schon lange im Hochbahnhaus an der Steinstraße.

Ein Blick in den Maschinenraum des Kraftwerks sowie das Unterwerk in der Heilwigstraße, das den erzeugten Strom ohne Spannungsverlust ins Schienennetz einspeiste.

1920–1933

STÜRMISCHE ZEITEN

Ein Blick durch die Bergstraße auf den Jungfernstieg,
wo im Hintergrund Arbeiten an der U-Bahnhaltestelle
ausgeführt werden, 1931.

1920–1933

INFLATION, „GOLDENE ZWANZIGER", „SCHWARZER FREITAG"
UND DAS ENDE DER WEIMARER REPUBLIK – DOCH DEN AUSBAU
DER U-BAHN KANN NICHTS AUFHALTEN

DIE »GOLDENEN ZWANZIGER«

Nach dem Ende des Ersten Weltkriegs stürzte Deutschland durch den Vertrag von Versailles in eine tiefe Krise: Millionen Menschen hungerten, es herrschte Massenarbeitslosigkeit, und für die zum großen Teil verkrüppelten Frontheimkehrer bot das Betteln auf der Straße häufig die einzige Möglichkeit zum Überleben. Deutschland hatte mit 14 Prozent die höchste Säuglingssterblichkeit in Europa, und viele Kinder litten aufgrund ihres dramatischen Vitaminmangels an Rachitis.

Hinzu kamen die instabilen politischen Verhältnisse nach der Revolution 1918/19, die von Hass und Gewalt geprägt waren. So wurden führende Politiker wie der Reichsfinanzminister Matthias Erzberger – er hatte als Bevollmächtigter der deutschen Regierung 1918 das Waffenstillstandsabkommen von Compiègne, das den Ersten Weltkrieg formell beendete, unterzeichnet – und der Reichsaußenminister Walther Rathenau von nationalistischen Terroristen der Organisation Consul ermordet. Durch solche Attentate versuchten antidemokratische Kräfte, die fragile Demokratie der jungen Weimarer Republik, die am 9. November 1918 ausgerufen worden war, zu erschüttern und den Friedensvertrag von Versailles zu revidieren. Umsturzversuche wie der Kapp-Lüttwitz- und der Hitler-Ludendorff-Putsch, aber auch Niederschlagungen von Massenstreiks wie des Aufstands im Ruhrgebiet im Jahre 1920 und der Märzkämpfe in Mitteldeutschland im Jahre 1921 sorgten für viele Hundert Tote. Darüber hinaus nahm die Inflation zu, die sich bis zum Jahr 1923 zu einer Hyperinflation steigern sollte.

Bis zu den „Goldenen Zwanzigern", dem kurzen wirtschaftlichen Zwischenhoch, bevor im Jahre 1929 die Welt durch eine erneute Wirtschaftskrise ins Wanken geraten sollte, würde noch ein halbes Jahrzehnt vergehen. Immerhin galten die politischen Zustände in der Hansestadt als einigermaßen stabil, denn der Senat, die Bürgerschaft und die Verwaltung (auf der einen Seite) sowie die Sozialdemokraten und die Gewerkschaften (auf der vermeintlich anderen Seite) zogen an einem Strang. Es gelang, die Arbeiter- und Soldatenräte auszumanövrieren, die sich anfangs als neue herrschende Macht gesehen hatten.

Die Hamburger Hochbahn AG, bei der Wilhelm Stein inzwischen wieder als Vorstandsvorsitzender agierte, wurde von den politischen Veränderungen nicht verschont. Das Unternehmen musste seine Betriebsorganisation praktisch wieder neu aufbauen und verstärkt Personal ausbilden, wobei die Rechte der Arbeitnehmer im Vergleich zum Kaiserreich nun deutlich gestärkt waren. Doch auch die rund 7000 Mitarbeiter der HOCHBAHN standen vor großen Herausforderungen. Auch sie mussten sich in der neuen Ordnung der Weimarer Republik erst einmal orientieren und lernen, ihre hinzugewonnenen Rechte, zum Beispiel Urlaub und

Das erste Verwaltungsgebäude der HOCHBAHN auf dem Betriebshof Hellbrookstraße.

Arbeitszeiten betreffend, gegen ihren Arbeitgeber in diesen schweren wirtschaftlichen Zeiten durchzusetzen. Und die Geschäftsleitung der HOCHBAHN hatte bis dato das Unternehmen ja beinahe wie eine militärische Organisation geführt.

Das Niveau der betrieblichen Versorgung bei der HOCHBAHN war allerdings schon vor dem Jahr 1918 für die damalige Zeit hoch gewesen: Bei ihrer Gründung hatte sie eine Pensionskasse für ihre Angestellten eingeführt, und sie verfügte auch über eine Haftpflichtversicherung sowie einen Fürsorgefonds. Zu den gesetzlich vorgeschriebenen Einrichtungen kamen freiwillige Fürsorgekassen wie ein Sterbefonds hinzu. Vom Gehalt der Mitglieder wurde monatlich ein Betrag einbehalten, von dem die Angehörigen verstorbener Mitarbeiter ein Sterbegeld und einen Kranz erhielten – Anfang der 1920er-Jahre verlor das Unternehmen durch krankheitsbedingte Sterbefälle jährlich 8,5 Prozent (!) ihrer Belegschaft.

Jetzt stellte vor allem die Einführung des Acht-Stunden-Tages die HOCHBAHN vor große organisatorische Probleme, denn vor dem Krieg hatten Weichensteller neun Stunden, Zugfahrer zehn Stunden und Blockwärter, Zugbegleiter und Bahnsteigwärter sogar elf Stunden täglich gearbeitet. Und die sogenannten Ausnahmefälle, bei denen die Dienstzeit auf maximal 15 Stunden ausgedehnt werden konnte, waren eher die Regel gewesen.

Die ab dem Jahr 1920 gesetzlich vorgeschriebenen Betriebsräte waren allgemein ein Dorn im Auge der Arbeitgeber, auch wenn deren Machtfülle damals bei Weitem nicht so groß war wie heute. Die Arbeitnehmervertreter und die Gewerkschaften mussten für jede Verbesserung hart kämpfen. So stand Betriebsangestellten bis zum Jahr 1918 kein Urlaub zu, lediglich bei besonderen Anlässen wie Todesfällen wurden (in den meisten Fällen) bis zu fünf Tage gewährt. Mit den Tarifabschlüssen von 1920 standen den Arbeitern und Angestellten, je nach Dienstzeit, nun jährlich sieben bis zwölf Tage Urlaub zu (erst ab dem Jahre 1950 erhöhte sich der Anfangsurlaub auf acht bis zwölf Tage, ab 30 Jahren Betriebszugehörigkeit gab es 21 Tage).

Das Hochbahnhaus in den 1950er-Jahren (rechts). Angesichts der zentralen Lage hatten sich die Stadt und das Unternehmen für seinen Wiederaufbau entschieden – inklusive einer weiteren Etage.

Die uniformierten Betriebsangestellten, zu denen Fahrer, Weichensteller, Zugbegleiter, Blockwarte, Bahnsteigwärter, Fahrkartenschaffner und -ausgeber, Fernsprechgehilfinnen und Maschinisten gehörten, erhielten einen Monatslohn und eine 14-tägige Kündigungsfrist. Handwerker, Streckenarbeiter, Heizer, Lagerarbeiter, Wagenwäscherinnen und Putzfrauen sowie sämtliche Hilfskräfte dagegen erhielten lediglich einen Stundenlohn und konnten jederzeit entlassen werden.

Während Industriebetriebe gerade gut ausgebildete und spezialisierte Handwerker brauchten, konnten bei der HOCHBAHN auch ungelernte Arbeiter eine Anstellung finden. Die HOCHBAHN war ja von jeher auf innerbetriebliche Aus- und Weiterbildung angewiesen: Schließlich hatte es viele HOCHBAHN-Berufe vorher noch nicht gegeben, sodass kein Vorwissen vorausgesetzt werden konnte. Daher gehörte eine innerbetriebliche Weiter- und Fortbildung zum Standard, obwohl sie mit hohen Kosten verbunden war.

EINE MONATSKARTE KOSTET 150 MILLIARDEN

Neben der schleichenden Wirtschaftskrise samt Inflation legten zunehmend politische Demonstrationen den Betrieb immer wieder lahm. So führte zum Beispiel die Einstellung des Prozesses um die Ermordung von Rosa Luxemburg am 15. Juni 1919 zu einer achtstündigen Betriebsniederlegung. In jenem Jahr wurde auch einmalig der 1. Mai zum Betriebsfeiertag erklärt. Dies stieß bei der Hamburger Bevölkerung aber

auf wenig Gegenliebe, und ab 1920 mussten die Hochbahner den Tag der Arbeit wieder mit Arbeit verbringen (zu einer neuerlichen Betriebsniederlegung sollte es nach der Ermordung von Außenminister Walther Rathenau im Sommer 1922 kommen). Nur mit großer Anstrengung würde es dem Unternehmen gelingen, die nächsten Jahre einigermaßen glimpflich zu überstehen. In der Historie der HOCHBAHN gelten die Jahre von 1919 bis 1923 als „die verlorenen Jahre".

Dabei passierte eigentlich allerhand: Die HOCHBAHN, die SEG und die Alsterschifffahrt fusionierten, und 400 Mitarbeiter bezogen das „neue" Hochbahnhaus an der Steinstraße, das im Jahre 1898 als Posthof erbaut worden war (eine Alternative wäre übrigens das Gebäude des heutigen Hotel Atlantic an der Außenalster gewesen). Jetzt lag vor den Verwaltungsfachleuten erst einmal eine Sisyphusaufgabe: die Tarife von Straßen- und U-Bahn mussten vereinheitlicht, die Fahrpläne aufeinander abgestimmt werden. Die Alsterschifffahrt spielte bei der gesamten Verschmelzung der Unternehmen keine besonders tragende Rolle. Die Umstrukturierung der HOCHBAHN ging jedoch nur zäh voran, Synergieeffekte blieben weitgehend aus.

Inzwischen war es der Stadt gelungen, die Stromversorgung der Walddörferbahn zu finanzieren. Am 6. September 1920 konnte die Strecke wieder eröffnet werden, nachdem sie im Juli 1919 stillgelegt worden war – zunächst fuhren die Züge allerdings nur alle zwei Stunden, und in Volksdorf war Endstation. Dort gab es durch die Altrahlstedt-Wohldorfer

Die ersten Omnibusse fuhren auf Vollgummireifen und verbrauchten mehr als 40 Liter Sprit auf 100 Kilometer.

Plan der nicht fertiggestellten Haltestelle Beimoor. Heute sind nur noch Fragmente des Haltestellen-Rohbaus erhalten.

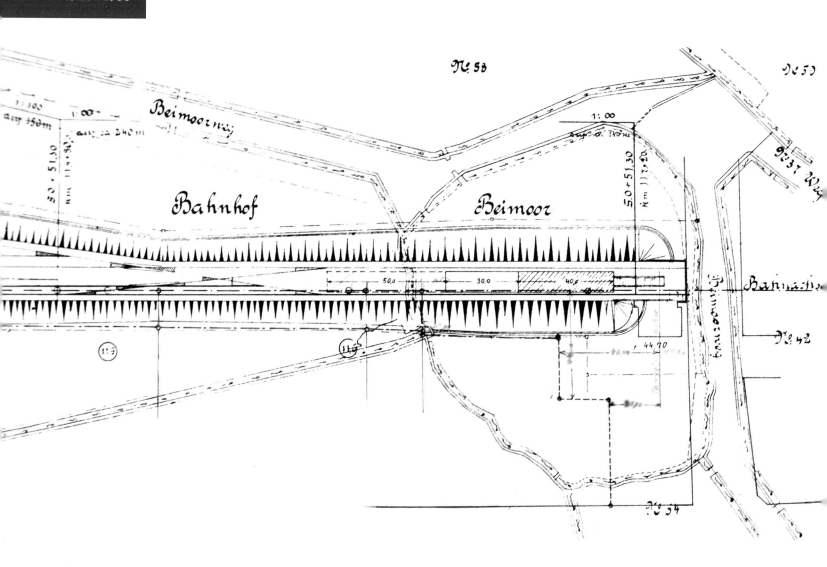

Um Anfang der 1920er-Jahre den Ausbau des Schienennetzes finanzieren zu können, musste einerseits eisern gespart, andererseits mussten immer wieder die Fahrpreise erhöht werden.

Kleinbahn immerhin die Anschlussmöglichkeit nach Wohldorf. Die U-Bahn-Strecken nach Ohlstedt und Großhansdorf konnten erst nach abenteuerlich anmutenden Tauschgeschäften elektrifiziert werden: Das bereits verlegte zweite Gleis zwischen Volksdorf und Großhansdorf wurde demontiert, und die Gleisanlagen zwischen Großhansdorf und Beimoor wurden ebenfalls abgebaut. Diese Schienen gingen zurück an die Stahlindustrie, die im Tausch hierfür die dringend benötigten Stromschienen lieferte. Auch zwischen Volksdorf und Wohldorf-Ohlstedt (heute nur Ohlstedt) wurde das zweite Gleis demontiert, wobei bis heute nicht klar ist, ob diese Schienen auf der Strecke zwischen Ohlsdorf und Langenhorn verbaut wurden.

Der 17. Dezember 1920 war ein wichtiges Datum für die HOCHBAHN: Knapp acht Jahre nach der Jungfernfahrt wurden die Klassen abgeschafft. Während die 3. Klasse einfache Holzlattensitze aus Mahagoniholz besaß, ging es in der 2. Klasse mit ihren Kunstledersitzen fast plüschig zu. Mit der Einheitsklasse verbunden war eine Erhöhung der Fahrpreise (die Einzelfahrt kostete nun 70 statt 60 Pfennig, die Monatskarte 75 statt 67 Mark).

Im Sommer 1921 nahm die HOCHBAHN mit elektrischen Zügen den Verkehr von Ohlsdorf nach Ochsenzoll auf, im November ging die Strecke von Volksdorf nach Großhansdorf in Betrieb, das sich inzwischen zu einem begehrten Stadtfluchtgebiet für wohlhabende Hamburger entwickelte (der Abzweig der Walddörferbahn nach Ohlstedt wurde erst 1925 für den Verkehr freigegeben). Zur gleichen Zeit

wagte sich das Unternehmen auf ein neues Geschäftsfeld: den Omnibus. Doch die erste Linie zwischen Schlump und Landwehr wurde bereits nach einem Jahr wegen gravierender technischer Mängel eingestellt.

Zu dieser Zeit, als sich die „schleichende" Inflation in eine galoppierende Geldentwertung verwandelte, entstand hinter dem (vorläufigen) Endbahnhof Rothenburgsort der Billbrook-Linie entlang der Berliner Eisenbahn ein Bahndamm für die HOCHBAHN – die erste Baumaßnahme für die Strecke zur Wöhlerstraße. Mit dieser Erweiterung wollte die HOCHBAHN die Züge auf dieser Strecke besser auslasten, denn bis zu diesem Zeitpunkt lagen die Fahrgastzahlen auf der Billbrook-Linie weit hinter den Erwartungen zurück. Überhaupt steckte das Unternehmen in einer unangenehmen finanziellen Klemme. Denn die Betriebskosten (im Besonderen für Kohle) stiegen kontinuierlich, während die Fahrgäste ausblieben und das Personal laufend Lohnerhöhungen forderte und versuchte, sie mit Streiks durchzusetzen. Dem musste die HOCHBAHN nachkommen – und die steigenden Kosten immer wieder auf die Fahrkartenpreise umlegen. Im Verlauf des Jahres 1922

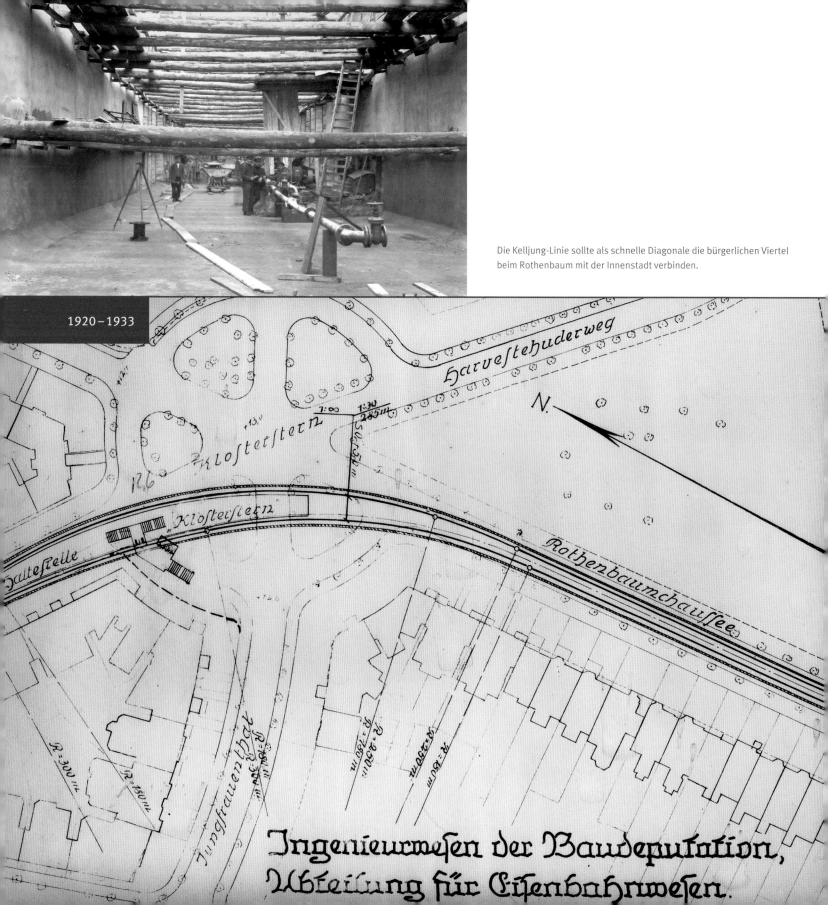

Die Kelljung-Linie sollte als schnelle Diagonale die bürgerlichen Viertel beim Rothenbaum mit der Innenstadt verbinden.

1920–1933

Ingenieurwesen der Baudeputation, Abteilung für Eisenbahnwesen.

Die Rentenmark war ursprünglich nur als Übergangslösung vorgesehen. Sie war mit Rentenerträgen aus Grundstücksbeleihungen gedeckt und wurde von der Rentenbank unter dem Dach der Reichsbank herausgegeben. Als die Goldreserven 1924 wieder ausreichten, um eine Währung im internationalen Zahlungsverkehr zu decken, wurde die Übergangslösung Rentenmark durch die Reichsmark ergänzt. Sie sollte eigentlich die Rentenmark ablösen, was aber praktisch nicht geschah.

registrierte man insgesamt 15 Tariferhöhungen, wobei sich am Ende der Fahrpreis um das 50-Fache erhöhen sollte.

Erschwerend für die HOCHBAHN kam hinzu, dass die Deutsche Reichsbahn (DR) ihre Fahrkarten für den Stadt- und Vorortsbahnverkehr zu extrem niedrigen Tarifen anbieten konnte, die erheblich unter denen der HOCHBAHN lagen. Das war möglich, weil die DR diese Verluste mit dem Güterverkehr auffangen konnte. Die Folgen waren für die HOCHBAHN – aber auch für die Menschen – dramatisch: Während die U-Bahn-Wagen beinahe menschenleer durch die Stadt fuhren, mussten die Bahnsteige der Vorortsbahn immer wieder wegen des Massenandrangs gesperrt werden. Die HOCHBAHN sah sich aufgrund der immer geringeren Fahrgeldeinnahmen (bei steigenden Betriebskosten) gezwungen, das Angebot zu reduzieren. Bahnhöfe, ja ganze Strecken wurden teilweise geschlossen und häufig erst nach massiven Bürgerprotesten wieder geöffnet. Schließlich mussten 1000 Mitarbeiter freigestellt werden, um Personalkosten zu sparen. Darüber hinaus wurde auch bei der Wartung eisern gespart, sodass immer mehr U-Bahn-Wagen aufgrund technischer Probleme ausfielen. Die Streckenerweiterung der Billbrook-Linie wurde sang- und klanglos eingestellt. Zum Ende der Inflation, bevor am 20. November 1923 die Rentenmark eingeführt wurde, stand die HOCHBAHN tatsächlich kurz vorm Aus. Die Fahrkartenpreise waren in jenem Jahr mindestens 31 Mal erhöht worden, und ein Einzelfahrschein kostete am 29. November 150 Milliarden Mark – oder 15 Pfennig. Die Rentenmark löste die Papiermark im Verhältnis 1 : 1 Billion ab, wodurch die Hyperinflation gestoppt werden konnte – die „Goldenen Zwanziger" begannen.

WILHELM STEIN, DER „HOCHBAHN-MUSSOLINI"

Praktisch über Nacht brummte die Wirtschaft wieder. Die U-Bahn-Wagen fuhren vollbesetzt. Im Land – und damit fast schon naturgemäß auch bei der HOCHBAHN – herrschte Aufbruchstimmung, und im Hochbahnhaus sah man sich im Jahr 1924 hauptsächlich mit drei Herausforderungen konfrontiert:

1. Wie sollte man den Fahrgastansturm bewältigen?
2. Der Wagenpark und die Anlagen mussten dringend modernisiert und teilweise instand gesetzt werden.
3. Das Streckennetz musste überdacht werden; vor allem drängte die Frage, welcher Verkehrsträger in Zukunft welche Rolle spielen sollte – denn dass der Verkehr auf den Straßen durch den Autoverkehr zunehmen würde, zeichnete sich bereits ab.

Zu diesem Zeitpunkt fungierte die Straßenbahn als das Rückgrat für den Nahverkehr. Sie sollte zukünftig die äußeren Stadtgebiete, in denen kräftig gebaut wurde, flächendeckend bedienen. Mit der U-Bahn wollten die Planer die Innenstadt stärker entlasten. Schon jetzt war die Ringlinie häufig komplett überlastet. Und dann gab es ja auch noch die Busse, ein relativ neues Verkehrsmittel, das in Berlin bereits zwölf Prozent des Nahverkehrs bestritt, während man in Hamburg den Bus lediglich für Zubringerdienste sowie

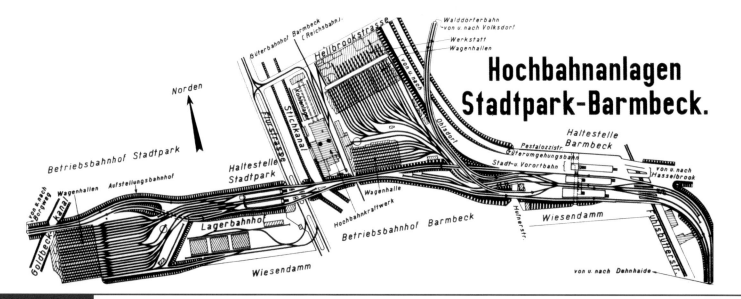

Hochbahnanlagen Stadtpark-Barmbeck.

als Lückenfüller des Straßenbahnnetzes betrachtete – was sich gut 25 Jahre später radikal ändern sollte. Jetzt backte man erst einmal kleine Brötchen und richtete versuchsweise erneut eine Buslinie zwischen Wandsbek und Marienthal ein; kurze Zeit später kamen zwei Linien in den Außengebieten sowie vom Fischmarkt zum Eppendorfer Baum hinzu. Die HOCHBAHN begann mutig umzudenken und unterhielt bald 100 Busse, die bis zur Eröffnung eines HOCHBAHN-Busdepots in der Waggonfabrik Falkenried im Jahre 1931 dezentral gewartet wurden.

Im Jahre 1929 entschlossen sich die Planer auch dazu, zwei neue – „Durchmesserstrecken" genannte – U-Bahn-Linien zu bauen. Dabei genoss die „KellJung-Linie" zwischen der Haltestelle Kellinghusenstraße und dem Jungfernstieg absolute Priorität. Einig war man sich auch über eine Verlängerung in östlicher Richtung; entweder nach Horn, das auf hamburgischem Stadtgebiet lag, oder nach Wandsbek, das noch zu Preußen gehörte – doch die Entscheidung über diese Streckenführung wurde zunächst vertagt (und sie sollte auch erst nach dem Zweiten Weltkrieg fallen).

1925, ein Jahr vor Beginn der Bauarbeiten für die KellJung-Linie, entschloss man sich zur Verlängerung der Bahnsteige auf allen Stationen der Ringlinie von 67 auf 90 Meter. Die HOCHBAHN musste die Kapazitäten erhöhen und dementsprechend längere, das heißt Sechs-Wagen-Züge einsetzen. Um den vergrößerten Wagenpark unterhalten zu können, wurden an der Station Flurstraße sowie in der Nähe der Sengelmannstraße zwei weitere Betriebswerkstätten eröffnet.

Für all diese Investitionen wurden rund 100 Millionen Reichsmark veranschlagt. Das entsprach in etwa dem gesamten Anlagevermögen der HOCHBAHN, das durch das Aktienkapital gedeckt war. Durch die Inflation und den Währungsschnitt verfügte die HOCHBAHN aber praktisch über keine liquiden Mittel. Wilhelm Stein hatte nur zwei Möglichkeiten: Entweder der Senat würde der HOCHBAHN unter die Arme greifen, oder aber die Fahrpreise müssten drastisch erhöht werden. Hier lohnt sich ein kurzer Blick auf das „Organisationsmodell des gemischtwirtschaftlichen Betriebs Hochbahn", das in der wirtschaftswissenschaftlichen Literatur der 20er-Jahre regelmäßig gepriesen wurde: Es vermeide die bürokratische Schwerfälligkeit und die Kosten einer Behörde zugunsten privatwirtschaftlich flexibler Unternehmensstrukturen, sichere dem Staat aber weitreichende Eingriffsmöglichkeiten, um die Interessen der Allgemeinheit zu wahren. Da diese Interessen keineswegs immer mit den Interessen des Unternehmens und der Privataktionäre übereinstimmen mussten, barg diese Konstruktion in Krisenzeiten reichlich Konfliktpotenzial, denn dann mussten die Wünsche der Bürger nach gutem Service und niedrigen Fahrpreisen besonders unvermittelt mit dem Gewinnstreben des Unternehmens zusammenprallen. Hinzu kam, dass der Staat 1918 für die Privataktionäre eine Dividendengarantie in Höhe von fünf Prozent übernommen hatte. Reichten die Einnahmen zur Befriedigung der Aktionärsansprüche nicht aus, musste der Fehlbetrag aus dem Haushalt Hamburgs gedeckt werden. Damit war auf der Seite der Stadt

Plan der Betriebshöfe Barmbeck
und Stadtpark aus dem Jahre 1928.

Die erste Rolltreppe Deutschlands wurde 1928
in der neuen U-Bahn-Haltestelle Jungfernstieg
eingebaut.

ein Interessengegensatz gegeben, der weitgehend unabhängig von den politischen Rahmenbedingungen in öffentlichen Diskussionen ebenso wie in internen Verhandlungen von den 20er- bis in die 50er-Jahre immer wieder zutage treten sollte. Der Vorstand der HOCHBAHN saß dabei stets zwischen zwei Stühlen: nämlich zwischen Aufwand und Ertrag.

Der Hamburger Senat, dessen Haushaltslage mehr als nur angespannt war, weigerte sich, staatliche Zuschüsse zu gewähren, die Bürgerschaft sperrte sich gegen Fahrpreiserhöhungen – während der penible Vorstandschef Stein, der als zäher Verhandler gefürchtet war (und häufig auch als oberlehrerhafter Besserwisser empfunden wurde, da er dazu neigte, seine Zuhörer mit Statistiken und Zahlenbeispielen zu malträtieren), den raschen und zügigen Ausbau des Nahverkehrssystems voranzutreiben versuchte.

1929 wurde die KellJung-Linie mit ihren extralangen, in die Zukunft gebauten Bahnsteigen eröffnet. Als besonders spektakulär galt die Haltestelle Jungfernstieg, die sechs Meter unter der Alster gelegen war und als erste in Deutschland über Rolltreppen verfügte. Die neue Strecke, der moderne Wagenpark und die zahllosen technischen Verbesserungen im U-Bahn-Bereich wurden zwar von der Öffentlichkeit registriert, aber nicht bejubelt. Gleiches galt für die Modernisierung der Straßenbahnen und die Ausweitung des Busbetriebs, die trotz der komplizierten städtebaulichen und geografischen Entwicklung (Altona und Wandsbeck wuchsen zwar immer stärker mit Hamburg zusammen, gehörten aber nach wie vor zu Preußen)

Nicht stehen bleiben!

Nur rechts
stehen bleiben
Links überholen!
Tiere tragen.

Blick von der Haltestelle Stadtpark auf den dahinter liegenden Betriebshof und die neu gebaute Jarrestadt in Winterhude, 1928.

gelungen waren. Im Gegenteil: Die HOCHBAHN hatte gegen Ende der 1920er-Jahre ihre Sympathien in der Öffentlichkeit verspielt und ihr Vorstandschef Wilhelm Stein erst recht. Der „Hochbahn-Mussolini", wie das kommunistische „Hamburger Echo" Stein bereits im Jahre 1927 charakterisierte, vernachlässige nach Ansicht seiner Kritiker den gesellschaftlichen Auftrag, den ein Nahverkehrsunternehmen als Teil städtischer Infrastruktur haben müsse. Er verfüge nicht über langfristige Perspektiven für das Unternehmen und ziele mit rigiden Fahrpreiserhöhungen zulasten der Bürger sowie Personaleinsparungen einseitig auf ein gutes Betriebsergebnis. Dafür aber, so monierten die Nörgler, würden Stein und die Vorstände exorbitante Gehälter einstreichen …

Mit dem „Schwarzen Freitag" am 24. Oktober 1929 fanden die „Goldenen Zwanziger" ein jähes Ende. Als die Aktienkurse an der New Yorker Wall Street ins Bodenlose stürzten, setzte sich eine verhängnisvolle Kettenreaktion in Gang. Das internationale Bankensystem brach zusammen, jede Nation versuchte, sich irgendwie zu retten, indem Währungen zugunsten des nationalen Exports abgewertet und gleichzeitig neue Zollbarrieren zum Schutz der heimischen Wirtschaft errichtet wurden. In Hamburg wirkte sich diese Krise vor allem auf den Hafen und seine Betriebe aus. Blohm + Voss beispielsweise musste auf einen Schlag 8000 Mitarbeiter entlassen. Innerhalb kürzester Zeit sank die Zahl der Beschäftigten in der Stadt um 40 Prozent. Als Folge davon brachen auch bei der HOCHBAHN die Fahrgastzahlen und die Einnahmen dra-

matisch ein: Zwischen 1930 und 1933 sank die Zahl der beförderten Personen von 307 auf 191 Millionen, und die Einnahmen gingen von 68 auf 38 Millionen Reichsmark zurück. Statt mit der HOCHBAHN, der Straßenbahn oder dem Autobus zu fahren, benutzten die Menschen lieber das preiswertere Fahrrad oder gingen wieder zu Fuß. Im April 1931 mussten die Löhne und Gehälter durch einen Schiedsspruch im Tarifstreit um fünf Prozent gesenkt werden – ein harter Einschnitt für die Belegschaft.

Stein reagierte auf diese Entwicklung mit der Entlassung von Hunderten von Hochbahnern und der Ausdünnung des Verkehrsangebots. Der Ton der öffentlichen Auseinandersetzungen nahm an Schärfe zu. Man könne „schon fast von einer Feindschaft des fahrenden Publikums gegen die Verkehrs-Gesellschaft" sprechen, schrieben die „Hamburger Nachrichten" im Frühjahr 1932. Dass Stein und seine Vorstandskollegen weiterhin vergleichsweise hohe Gehälter bezogen und Einschränkungen nur zögernd zustimmten, während ein Streik

der Hamburger Verkehrsarbeiter gegen eine Lohnkürzung im Oktober 1932 scheiterte, heizte die Atmosphäre weiter an.

Neben Stein selbst waren vor 1933 aber auch die staatlichen Vertreter im Aufsichtsrat der HOCHBAHN einer harschen öffentlichen Kritik ausgesetzt, weil sie im Interesse einer Freistellung des Staates von der Dividendengarantie die Politik des HOCHBAHN-Vorstands hinnahmen. Tatsächlich gelang es Stein durch geschickte Buchführungstricks auch während der Weltwirtschaftskrise, für die Dividendenzahlungen an die Aktionäre stets ausreichend Mittel bereitzustellen. Außerdem erließ der Staat der HOCHBAHN die seit 1925 bestehende Fahrgeldabgabe, die ja eigentlich mit den öffentlichen Investitionen in neue Strecken verrechnet werden sollte.

Der Profiteur dieser dunklen Jahre hieß Adolf Hitler, der sich am 30. Januar 1933 am Ziel sah. Joseph Goebbels, das Sprachrohr der Nationalsozialisten und späterer Reichspropagandaminister, notierte am darauf folgenden Morgen in seinem Tagebuch: „Es ist so weit. Wir sitzen in der Wilhelm-straße. Hitler ist Reichskanzler. Wie im Märchen. Gestern mittag Kaiserhof: wir warten alle. Endlich kommt er. Ergebnis: Er Reichskanzler. Der Alte [Goebbels meinte den Reichspräsidenten Hindenburg] hat nachgegeben. Er war zum Schluß ganz gerührt. So ist's recht. Jetzt müssen wir ihn ganz gewinnen. Uns allen stehen die Tränen in den Augen. Wir drücken Hitler die Hand. Er hat's verdient. Großer Jubel. Unten randaliert das Volk. Gleich an die Arbeit. Reichstag wird aufgelöst."

Der Rest ist bekannt: Innerhalb kürzester Zeit zerschlugen die Nazis mit Terror und Gewalt die fragile Weimarer Republik – allerdings auch mit weitgehender Unterstützung des gebeutelten Volkes, das ihnen voller Hoffnung bei den Neuwahlen am 5. März 1933 zu einer legalen politischen Mehrheit verhalf. Nur wenige Tage später war aus Deutschland eine Diktatur geworden.

Ein Blick in die dritte Klasse der U-Bahn.

AUF DER SCHIENE

1920–1933

DER T-WAGEN

Von Anfang an setzte die HOCHBAHN modernste Triebwagen ein. Die ersten T-Wagen wurden als zweiteilige Einheiten zusammengekuppelt, die bei einer Länge von 24,9 Metern und einer Breite von 2,56 Metern gemeinsam das stolze Gewicht von gut 60 Tonnen auf die Waage brachten. Dafür entsprach die von AEG und den Siemens-Schuckert-Werken gelieferte technische Ausstattung dem neuesten Stand: Jeder Triebwagen hatte zwei Drehgestelle, von denen jedes über einen Fahrmotor mit 100 beziehungsweise 110 PS verfügte, der die Achse antrieb. So erreichten die Wagen auf ebener Strecke eine Höchstgeschwindigkeit von etwa 60 km/h. Bei den Bremsen sorgte ein elektrischer Kompressor für den nötigen Druck. Zum Feststellen nutzte der Fahrer eine Handspindelbremse, während er sich auf der Strecke einer Spannpufferkupplung bediente, wie sie auch in Berlin eingesetzt wurde.

Der Wagenkasten eines T-Wagens bestand aus einem Eichenholzgerüst, das auf einem stählernen Unterbau angebracht und mit Blechpaneelen verkleidet war. Das Holzdach war mit imprägniertem Segeltuch bespannt. An beiden Seiten befanden sich zwei manuell zu betätigende hölzerne Taschenschiebetüren.

Jeder Wagen bot 35 Sitz- und 80 Stehplätze. In der 3. Klasse waren die Sitze aus Lattenholz gefertigt, die 2. Klasse verfügte dagegen über Polstersitze mit Kunstlederbezug. Sechs Heizkörper unter den Sitzen sorgten dafür, dass die Temperaturen im Fahrgastraum auch in der kalten Jahreszeit angenehm blieben.

Der Außenlack gab die Klasse an: Rot für die zweite, Gelb für die dritte Klasse.

Die Innenbeleuchtung der Wagen wurde über die Stromschiene geregelt: Sobald der Zug eine Tunnelmündung passierte, schaltete sich das Licht automatisch ein. Beim Verlassen des Tunnels löste sich der Kontakt wieder, und das Licht erlosch.

Beim Außenanstrich der ersten Triebwagen orientierte man sich offenbar an der Berliner U-Bahn: Er war anfangs für die obere Wagenhälfte in einem cremefarbenen Ton gehalten, die untere Hälfte war für die 2. Klasse rot und für die 3. Klasse gelb lackiert. Zudem hatten die T-Wagen durchgängig schwarze Zierlinien und ein grau gestrichenes Dach.

Am Ende jedes Wagens gab es einen abgeteilten Fahrerraum, der etwa drei Fünftel der Wagenbreite einnahm und in dem der Fahrer seinen Dienst im Stehen verrichten musste. Der Führerstand selbst war spartanisch eingerichtet: Es gab ein Tableau mit dem Kurbelfahrschalter, einem Bremsventil sowie einige Sicherungsautomaten. Zu ihnen gehörte zum Beispiel der Starkstromautomat, der bei Überlastung der Motoren ansprang. Neben dem Fahrerraum befand sich der Stehplatz für den Zugbegleiter. 1928 erhielten alle Wagen vollautomatische Scharfenberg-Kupplungen.

Im Laufe der Zeit veränderte der T1 mehrfach sein Erscheinungsbild: 1914 erhielten die Wagen eine neue Lackierung in Dunkelgrün mit gelben beziehungsweise roten Flächen unter den Fenstern. 1920 hob man die Klassen auf und entfernte die Zwischenwände; 1925 wurde der Zielschilderkasten eingeführt, und 1930 wurden die Wagen mit einem neuen, vereinfachten Anstrich in Gelb und Grün ohne Zierlinien versehen.

Während des Zweiten Weltkrieges wurde ein großer Teil der T-Wagen erheblich beschädigt oder zerstört. Aus den Teilen, die sich noch verwenden ließen, konstruierten die Techniker der HOCHBAHN-eigenen Fahrzeugwerkstätten Falkenried neue Wagen mit Laternendach und einem Anstrich in Beige und Rot.

Ende der 1950er-Jahre rekonstruierte man weitere T-Wagen, modernisierte ihre Innenräume und gestaltete das Äußere um: Sie erhielten eine Außenhaut aus Edelstahlblech ohne Lackierung, die ihnen im Volksmund die Bezeichnung „Silberlinge" einbrachte. Später wurden sie noch einmal technisch nachgerüstet und erhielten pneumatische Türschließanlagen, Aluminiumtüren, Tachometer und Kilometerzähler im Fahrstand. Die letzten dieser Wagen wurden ab 1965 nach und nach ausgemustert.

Viele der ersten T-Wagen wurden immer wieder modernisiert.

DT1

Als der Wiederaufbau in den 1950er-Jahren richtig in Fahrt kam und neue U-Bahn-Linien geplant wurden, wurde schnell klar, dass die vorhandenen Wagenkapazitaten nicht ausreichen würden. Deshalb beauftragte die HOCHBAHN die Waggonfabrik Uerdingen mit der Fertigung eines neuen Triebwagentyps, der parallel zum Bau der Wandsbeker Linie zwischen Februar 1958 und Ende 1959 auf die Strecke ging.

Dieser Doppeltriebwagen (DT1) bestand aus zwei fest zusammengekuppelten Wagen und bot bei einer Länge von 27,9 Metern 82 gepolsterte Sitz- und 178 Stehplätze. Seine technische Ausstattung stammte von Siemens und AEG. Acht Motoren mit je 74 Kilowatt (ca. 101 PS) Leistung beschleunigten ihn schnell auf bis zu 80 Stundenkilometer – und das bei einem Gewicht von gut 50 Tonnen.

Die ersten Wagen waren in Rot und Beige lackiert, ab 1969 dominierten Grautöne. Gut 33 Jahre lang war der DT1 auf Hamburgs Schienen unterwegs, bevor er bis Sommer 1991 ausgemustert wurde. Einzelne Wagen wurden zu Arbeitswagen umgerüstet; aus zweien wurde der Salonwagen „Hanseat", der über eine Bar und sogar eine Tanzfläche verfügt und für Veranstaltungen gemietet werden kann.

DT2

Schon 1962 ergänzte die HOCHBAHN ihre Fahrzeugflotte um den DT2. Er war nicht nur technisch hochmodern, sondern setzte auch optisch neue Signale: In Zusammenarbeit mit der Hochschule für Gestaltung in Ulm war eine U-Bahn entstanden, deren äußeres Erscheinungsbild durch unlackierten Edelstahl und orangerote Türen und Fronten geprägt war. Diese Kombination war ebenso schick wie praktisch, denn auf dem blanken Stahl setzte sich wesentlich weniger Schmutz ab als auf den lackierten Außenflächen der DT1-Wagen.

Die Doppelschiebetüren mit ihrer Einstiegsbreite von 1,21 Metern erleichterten das Ein- und Aussteigen enorm. Im Inneren boten die neuen Wagen einen völlig neuen Sitzkomfort: Die ersten beiden DT2-Serien waren mit Sitzen aus glasfaserverstärktem Kunststoff ausgestattet, die weiteren erhielten sogar Kunstledersitze.

Viel Neues gab es auch in Sachen Technik: Bis heute ist der DT2 das einzige Hamburger U-Bahn-Fahrzeug, das mit Fußpedalen gesteuert wurde. Mit dem linken Pedal gab der Fahrer

Batterietausch auf dem Betriebshof in der Hellbrookstraße. Der hohe technische Standard der Werkstätten hat zur Folge, dass die Triebwagen der U-Bahn auch nach über hundert Jahren noch fahrbereit sind.

das Fahrkommando (große oder kleine Beschleunigung), mit dem rechten steuerte er die fünf Bremsstufen. Ein Großteil der Technik war in Kästen untergebracht, die zugleich als tragende Elemente des Wagenkastens fungierten. Diese Konstruktion erleichterte den Aufwand für Wartung und Reparatur erheblich: War ein Teil defekt, tauschten die Techniker den gesamten Kasten gegen einen funktionsfähigen aus, sodass das Fahrzeug schnell wieder einsatzbereit war. Fehlersuche und Reparatur des defekten Kastens erfolgten dann, wenn der Zug schon längst wieder unterwegs war.

Bis 1966 schaffte die HOCHBAHN 166 dieser 3,35 Meter hohen, 2,51 Meter breiten und 27,5 Meter langen DT2 an. Mit ihren gut 35,1 Tonnen waren sie erheblich leichter als ihre Vorgänger, weshalb sie auch merklich weniger Strom verbrauchten.

Nach gut 40 Dienstjahren sind heute die meisten DT2 ausgemustert. Nur 15 von ihnen stehen noch als Reserve bereit und sind regelmäßig im Hamburger Streckennetz unterwegs. Im Jahr 2012 erreichen sie ihr 50. Betriebsjubiläum – mit diesem biblischen Alter für Schienenfahrzeuge im westeuropäischen Nahverkehr dokumentieren sie eindrucksvoll den hohen technischen Standard der Betriebswerkstätten der HOCHBAHN.

DT3

Ab 1968 schaffte die HOCHBAHN innerhalb von drei Jahren 127 Einheiten des DT3 an, mit dem die Hamburger U-Bahn-Züge dreiteilig wurden. Seine Kapazitäten wurden dringend gebraucht, denn seit der Mitte der 1960er-Jahre wuchs das

Mit dem DT3 wurden die Züge der HOCHBAHN ab 1968 erstmals dreiteilig, um das erhöhte Fahrgastaufkommen bewältigen zu können. Gleichzeitig mussten auch viele bereits bestehende Bahnsteige verlängert werden.

Ein neuer DT4 trifft in der Hellbrookstraße ein. Mit diesem modernen
Triebwagen konnten die Fahrgeräusche minimiert – und damit der
Komfort für die Fahrgäste maximiert werden.

U-Bahn-Netz in atemraubendem Tempo: 1966 war die U2 bis zu Hagenbecks Tierpark verlängert worden, und schon zwei Jahre später nahm die HOCHBAHN die U2 zwischen Hauptbahnhof Nord und Berliner Tor in Betrieb. Im Osten wurde 1970 die Erweiterung bis zur Merkenstraße fertiggestellt und in der Innenstadt der Abschnitt zwischen Schlump und Gänsemarkt. Schließlich wurde 1973 die Lücke zwischen Jungfernstieg und Hauptbahnhof geschlossen.

Bei einem Gewicht von 46 Tonnen erreicht der DT3 dank seiner vier Motoren mit je 80 Kilowatt (gut 109 PS) eine Höchstgeschwindigkeit von 80 Kilometern in der Stunde. In einem solchen Fahrzeug testete die HOCHBAHN 1980 erstmals die Drehstrom-Antriebstechnik, durch die sich der Stromverbrauch deutlich senken ließ – mit Erfolg: In den folgenden Fahrzeuggenerationen DT4 und DT5 setzte sie diese Technik serienmäßig ein.

Die meisten DT3 wurden zwischen 1994 und 2000 ausgemustert. 68 Einheiten, die heute als „DT3-E" bezeichnet werden, erhielten jedoch neue Fronten sowie eine Auffrischung des Innenraums, damit sie noch länger im Einsatz bleiben konnten. Sie werden nun bis 2016 schrittweise durch die neuen DT5-Fahrzeuge ersetzt.

DT4

Bereits Anfang der 1980er-Jahre war im Zuge des Netzausbaus in Richtung Niendorf Markt und Niendorf Nord deutlich geworden, dass der Fahrzeugpark weiterer Ergänzungen bedurfte.

Am 30. Mai 1988 stellte die HOCHBAHN die ersten DT4-Fahrzeuge der Öffentlichkeit vor und beschaffte bis 2005 insgesamt 126 von ihnen.

Der DT4 besteht aus vier Wagen und unterscheidet sich schon optisch deutlich von seinen Vorgängern: Er hat leicht schräge Seitenwände, eine komplette Lackierung sowie große Fenster und Türen, die sich per Knopfdruck öffnen lassen. Und was sein Äußeres verspricht, hält er auch innen. Seine Ausstattung mit modernster Antriebs- und Steuerungstechnik und der Einsatz von Mikroprozessoren für fast alle Steuerungs- und Überwachungsfunktionen setzte Maßstäbe in der Fahrzeugtechnik.

Angetrieben wird der DT4 von acht wassergekühlten Drehstrommotoren mit einer Leistung von jeweils 125 Kilowatt (170 PS). Das geräuscharme Getriebe, voll gekapselte Motoren und mit Schallabsorbern bestückte Radreifen reduzieren die Fahrgeräusche auf ein Minimum. Ziel war es außerdem, den Energieverbrauch so weit wie möglich zu reduzieren. Durch die Stahlleichtbauweise aus rostfreiem Edelstahl verringerte sich das Gewicht des Zuges. In Kombination mit der Antriebstechnik lassen sich so bis zu 30 Prozent Energie einsparen – dies geschieht vor allem dadurch, dass die beim Bremsen entstehende Energie in die Stromschiene zurückgespeist wird.

Der DT4 ist mit 2,58 Metern gut 12 Zentimeter breiter als der DT3. Durch ein völlig neues Raumkonzept gelang es, auf einer Länge von 60 Metern 182 Sitz- und 372 Stehplätze unterzubringen.

DT5

Mit dem DT5 ist die nächste Generation von U-Bahn-Fahrzeugen bereits in Hamburg angekommen. Zwischen 2012 und 2016 wird die HOCHBAHN etwa 70 dieser neuen Fahrzeuge in Betrieb nehmen, hauptsächlich auf der U3 und der neuen U4.

Bei einer Länge von 39,58 Metern und einer Breite von 2,6 Metern wird der dreiteilige DT5 über 96 Sitz- und 240 Stehplätze verfügen. Wie der DT4 entsteht er in Leichtbauweise unter Verwendung recyclingfähiger Materialien, und auch die Technik für die Rückspeisung der Bremsenergie ins Stromnetz übernimmt er von seinem Vorgänger. Er wird von sechs Motoren mit jeweils 135 Kilowatt (184 PS) angetrieben.

Neu ist, dass das Fahrzeug durchgängig begehbar ist, sodass sich die Fahrgäste auch während der Fahrt im Zug verteilen können. Mit rotem Stoff bezogene Hartschalensitze und eine Edelstahloptik sorgen für ein modernes Erscheinungsbild, eine Klimaanlage reguliert die Temperatur. Beim Brandschutz geht auch der DT5 über die gesetzlichen Vorgaben hinaus: Er verfügt natürlich über die bei der HOCHBAHN standardmäßig eingebaute Sprinkleranlage sowie über Brandmelder auch in den Geräteräumen. Videokameras und Notrufsysteme ergänzen darüber hinaus das bewährte Sicherheitssystem für die Fahrgäste.

JUNGFERNSTIEG

NÄCHSTER HALT

Die Haltestelle Jungfernstieg ist einer der wichtigsten Knotenpunkte des öffentlichen Nahverkehrs in Hamburg. Er erstreckt sich über drei miteinander verbundene Bahnsteighallen unter dem Prachtboulevard und einem Teil der Binnenalster auf drei Ebenen. Der erste Bahnsteig wurde mit der KellJung-Linie, heute Teil der U1, am 25. März 1931 eröffnet, damals noch ohne Verbindung zur Ringlinie, der heutigen Linie U3.

Der gesamte unterirdische Bahnhofskomplex umfasst vier Bahnsteige, davon einen für die U1, zwei für die U2 sowie die ab Herbst 2012 verkehrende U4, und dazwischen einen Bahnsteig, an dem die Züge der S-Bahn halten. Zudem existiert seit 1958 eine unterirdische Verbindung zur U-Bahn-Haltestelle Rathaus (der Linie U3).

Auf Straßenniveau – der Ebene 0 – verkehren die Busse. Eine Ebene darunter befindet sich der zentrale Anleger der Alsterschiffe mit direkten Übergangsmöglichkeiten zum Haltestellenbereich. In der Zwischenebene der Haltestelle finden sich vier räumlich voneinander getrennte Schalterhallen mit den Zugängen zur Straße sowie den Tunnelverbindungen. Hier sind Fahrkartenautomaten, verschiedene Läden und Imbissgeschäfte angesiedelt, erreichbar unter anderem vom Jungfernstieg, der Bergstraße, dem Ballindamm sowie dem Alstertor und von der Nordseite des Rathausmarktes. Der mit Vitrinen ausgestattete unterirdische Verbindungsgang zwischen der U3-Haltestelle Rathaus und dem südlichen Ende des U1-Bahnsteigs – „Passage der Städtepartner-

Der Bau des wichtigen Knotenpunktes Jungfernstieg in den 1920er-Jahren war eine technische Meisterleistung, denn große Teile der unterirdischen Haltestelle liegen unter Wasser – unter der Alster.

schaften" genannt – führt größtenteils unter der Bergstraße hindurch.

Der Bahnsteig der Linie U1 in der Verkehrsebene –2 verläuft unter dem Jungfernstieg und der Reesendammbrücke und unterquert die Kleine Alster im rechten Winkel. Die benachbarten Haltestellen sind rund 0,8 (Stephansplatz nördlich) und 0,7 Streckenkilometer (Meßberg im Südosten) entfernt. In der Verkehrsebene –3 findet man den am 1. Juni 1975 eröffneten, in offener Bauweise entstandenen Bahnsteig der S-Bahn. Dieser südwestliche Bahnsteigteil mit Zugängen über ein Zwischengeschoss zur Schalterhalle am Rathausmarkt liegt unter der Kleinen Alster, der nordöstliche unter der Binnenalster. Eine feste Treppe im Mittelbereich lässt das direkte Umsteigen in die darüber liegende U1 zu; die nordöstlichen Abgänge führen zur U2 und zur Schalterhalle am Alstertor. Vom Bahnsteig sind es jeweils 0,7 Kilometer südöstlich bis zur Stadthausbrücke und 1,4 Streckenkilometer nordwestlich im Bogen bis zum Hauptbahnhof.

Die Bahnsteige der U2 (später auch der U4) liegen in 16 Meter Tiefe unter der Binnenalster auf der Verkehrsebene –4. Die beiden parallelen Richtungsbahnsteige erstrecken sich unterhalb des Anlegers der Alsterschiffe in West-Ost-Richtung bis unter die Einmündung Alstertor in den Ballindamm. Die beiden inneren Gleise werden seit 1973 von der U2 genutzt, an den Außenseiten liegen die Gleisströge für die neue Linie U4. Bis zur östlich anschließenden Haltestelle Hauptbahnhof Nord sind es 0,8 Kilometer Strecke; in Gegenrichtung erreicht man nach 0,6 Kilometern auf der U2-Trasse den Gänsemarkt.

1933 – 1945

DIE HOCHBAHN UNTERM HAKENKREUZ

1933–1945

Schon wenige Tage nach den Reichstagswahlen vom 5. März 1933 trat in Hamburg ein nationalsozialistischer Koalitionssenat mit Bürgermeister Carl Vincent Krogmann an der Spitze sein Amt an.

Und auch bei der HOCHBAHN erfolgte noch im Frühjahr 1933 die in allen öffentlichen Betrieben und den Behörden durchgeführte „Gleichschaltung": 260 Angestellte wurden aus ideologischen und politischen Gründen entlassen. Unter ihnen befand sich Wilhelm Stein, der sich in den 1960er-Jahren an den Tag seiner Entlassung schriftlich erinnerte: „Am 10. April erschien das nationalsozialistische Bürgerschaftsmitglied und Aufsichtsratsmitglied Friedrich Stanik im Dienstzimmer des Verfassers und erklärte, er sei vom Senat beauftragt, die Dienstgeschäfte des Vorsitzenden des Vorstands als Staatskommissar zu übernehmen. Der Verfasser sei bis auf Weiteres beurlaubt."

Mit Stein mussten seine Vorstandskollegen Wilhelm Mattersdorff und Max Mumssen sowie die Betriebsräte ihre Schreibtische räumen. Wenig später wurde Stanik rückwirkend zum Vorstand (und später, 1937, auch zum Generaldirektor der HOCHBAHN) berufen. In einer Generalversammlung am 19. Mai 1933 formierte sich auch der HOCHBAHN-Aufsichtsrat neu. Die demokratischen Senats- und Bürgerschaftsvertreter erklärten ihren Rücktritt oder wurden entlassen und durch Nationalsozialisten ersetzt.

Friedrich Stanik verkündete, dass er auch eine „grundsätzliche Umstellung der Geschäftsführung" durchführen

Der nationalsozialistische Hamburger Bürgermeister Carl Vincent Krogmann (links) und der neue Chef der HOCHBAHN Friedrich Stanik (rechts) betrieben ab dem 5. März 1933 als Erstes die „Gleichschaltung".

Die Belegschaft der HOCHBAHN wurde auch mit Musik und militärischem Gebahren auf den neuen politischen Kurs eingestimmt.

und das Unternehmen so umbauen wolle, dass es „im Dienst an der Bevölkerung seinen ausschließlichen Zweck sieht". Innerhalb weniger Wochen erfolgten Umstrukturierungen des Personalbereichs, des Fahrplans und des Tarifsystems – begleitet vom öffentlichen politischen Bekenntnis zu den neuen Machthabern. Und da sich seit 1918 ja knapp 50 Prozent ihrer Aktien im Besitz des Hamburger Staates befanden, unterlag die HOCHBAHN der Kontrolle durch Senat und Bürgerschaft, was die rasche und tiefgreifende Nazifizierung des Unternehmens begünstigte.

In einer Stellungnahme des Entnazifizierungsausschusses Ende der 40er-Jahre hieß es später, dass Stanik, der als regelrechter Posten- und Titelsammler galt, seine Position als Vorstand nur „wegen seiner politischen Tätigkeit" in der NSDAP und als verlängerter Arm der Partei erhalten habe. Tatsächlich brachte er als Vorsitzender des Verkehrsausschusses der Hamburger Bürgerschaft und Aufsichtsratsmitglied der HOCHBAHN zumindest einige Vorkenntnisse fürs Verkehrswesen mit. Der in Rothenburgsort aufgewachsene Friedrich Stanik war am 1. Dezember 1929 der NSDAP beigetreten und gehörte zum engeren Kreis um den Hamburger Gauleiter Karl Kaufmann, der am 16. Mai 1933 Reichsstatthalter in der Hansestadt wurde. Stanik engagierte sich als Gauredner und ab 1931 in der Bürgerschaft für die Partei und wurde am 1. März 1933 zum Gauinspekteur ernannt, 1934 dann zum Staatsrat und zum Mitglied der Ratsherrenversammlung.

In der Unternehmensleitung scharte Stanik „alte Kämpfer" um sich, unter ihnen als Personalchef Wilhelm Sieh, der 1935 stellvertretender Gauleiter von Schleswig-Holstein wurde. Als Sieh in den frühen 50er-Jahren seine Pension einklagte, räumte Stanik als Zeuge vor Gericht ein: „Der Kläger hat ... seine Stellung als Prokurist ... nur wegen seiner politischen Vergangenheit als alter Nationalsozialist erhalten, und der Zweck seiner Beförderung zum Personalchef und Prokuristen war ausgesprochen der, einen zuverlässigen Nationalsozialisten auf diesen Posten zu stellen." Ähnliches galt für Siehs Nachfolger Hans Knebel, der seit Oktober 1922 Parteimitglied war. Der im August 1933 eingestellte technische Direktor Johann Prüß war der NSDAP im März 1931 beigetreten, und selbst als Betriebs- beziehungsweise Vertrauensräte fungierten mit Hans Hartz und Hermann Böker nun engagierte Nationalsozialisten. Nur der kaufmännische Vorstand Charles Liez und sein Nachfolger Carl Hertler standen der Partei fern.

Stanik und Sieh setzten – so wie Kaufmann und Krogmann in der städtischen Verwaltung – auf eine rücksichtslose Nazifizierung der Belegschaft. Dabei konnten sie sich auf die Bestimmungen des Gesetzes zur Wiederherstellung des Berufsbeamtentums vom 7. April 1933 stützen: „Hier wurde im letzten Jahre alles, was auch nur im Verdacht stand, den beiden Arbeiterparteien nahe gestanden zu haben, rausgeschmissen", beschrieb 1934 der Nachrichtendienst der „Auslands-SPD" die Lage bei der HOCHBAHN. Insgesamt waren bei der HOCHBAHN rund 260 Mitarbeiter betroffen, die an-

gesichts der schwierigen Wirtschaftssituation Hamburgs zum großen Teil jahrelang arbeitslos blieben. Die Bemerkung in einer Jubiläumsschrift des Unternehmens von 1937 zum 25-jährigen Bestehen der HOCHBAHN, man sei bei den Entlassungen „nach äußerst sozialen Gesichtspunkten vorgegangen", muss für diese Betroffenen unglaublich zynisch geklungen haben.

Die entstandenen Lücken in der Belegschaft wurden mit arbeitslosen Parteiangehörigen aufgefüllt. Stanik ließ bis zum Jahresende 1933 Hunderte von Neueinstellungen vornehmen, auch wenn die berufliche Qualifikation der Eingestellten – die meisten von ihnen waren SA-Leute – nur unzureichend war oder für sie eigentlich gar kein Bedarf bestand.

Herbert Balz, der damals als 15-Jähriger gerade seine Ausbildung als Maschinenschlosser bei der HOCHBAHN begonnen hatte (er sollte es noch bis zum Werkstattleiter bringen), erzählte später: „Die alten Meister wurden abgeschoben und wurden mit neuen ersetzt. Auch der Direktor. Da kam dann ein Herr Stanik, das war ein Ober-Nazi. Die Stimmung in der Belegschaft war nicht oppositionell, es war ja alles durchsetzt mit Nazis. Da waren welche, die waren so schlecht in der Arbeit – die wurden einfach eingesetzt und hatten gar keine Ahnung."

So beschäftigte die HOCHBAHN trotz der unverändert schlechten Ertragslage im Vergleich zum Vorjahr über 400 Mitarbeiter mehr. Im Juni 1934 wies Stanik nicht ohne Stolz darauf hin, dass nun über 1000 Mitglieder der NSDAP und ihrer Unterorganisationen in dem Unternehmen arbeiteten. Diese ideologisch beeinflusste Beschäftigungspolitik führte jedoch zu einem erheblichen Anstieg der finanziellen Belastungen, sodass der Senat im September 1935 „die Sicherung der wirtschaftlichen Grundlage des Betriebes anmahnte". Der Personalbestand der HOCHBAHN sank daher von Mitte 1935 bis Ende 1936 um 300 auf rund 9000 Beschäftigte. Erst im Lauf des Jahres 1937 wuchs er infolge der wirtschaftlichen Erholung Hamburgs und des steigenden Verkehrsaufkommens wieder auf über 9500 an. Im Frühsommer 1939 verkündete der Aufsichtsratsvorsitzende Senator Carl Werdermann (mit spürbarer Reserviertheit gegen diese Maßnahme), „dass man nun sogar weibliche Arbeitskräfte als Schaffnerinnen beschäftigen müsse".

Im Lauf der 30er-Jahre profitierten alte und neu eingestellte Hochbahner gleichermaßen von einer Reihe von Maßnahmen zu sozialen Verbesserungen im Betrieb, die Stanik engagiert förderte. Die ideologische Dimension dieser betrieblichen Sozialpolitik wurde in der seit September 1933 erscheinenden Mitarbeiterzeitschrift „Stirn und Faust" (das Motto der Deutschen Arbeitsfront) in der Sondernummer vom 30. Januar 1937 herausgestellt: Sie diene der „weiteren Vertiefung nationalsozialistischer Weltanschauung" und entspreche den nationalsozialistischen Idealen einer Aufwertung der Arbeit und des Arbeiters. Während die gesamte HOCHBAHN-Belegschaft auf „Führer, Volk und Vaterland" eingeschworen wurde und „der wahre Sozialismus im Sinne

Wer von den Mitarbeitern nicht im Gleichschritt der „braunen Herren" mitmarschierte, wurde entlassen. Über die neue HOCHBAHN- Betriebszeitschrift „Stirn und Faust" betrieb die Geschäftsleitung übelste Nazi-Propaganda.

des Führers" Einzug im Unternehmen hielt, ließen konkrete materielle Verbesserungen wie Lohnerhöhungen oder Arbeitszeitverkürzungen auf sich warten. Dafür regnete es markige Worte: „Wir müssen, jeder auf dem Posten, auf den er gestellt ist, unsere Arbeit als Teilarbeit unserer nationalen Regierung betrachten. Wer in diesem Sinne seine Pflicht erfüllt, zeigt sich seiner Anstellung bei der Hamburger Hochbahn Aktiengesellschaft würdig ...", schrieb Stanik in seiner (Neben-) Eigenschaft als Gauinspekteur (!) in der ersten Ausgabe von „Stirn und Faust". Dieses Kampfblatt sollte nur wenig später die Aufgabe bekommen, die Belegschaft für die „Judenfrage" zu sensibilisieren und ab Juli 1939 den ideologischen Boden für den (längst beschlossenen) Angriffskrieg gegen Polen (ab 1. September 1939) zu beackern. Auch die Hakenkreuzfahne wurde bei den zahllosen Aufmärschen und Feiern zu einem zentralen Element; nach Betriebsversammlungen wurde das Horst-Wessel-Lied angestimmt. Das Emblem des Unternehmens wurde ebenfalls mit einem Hakenkreuz versehen, und ab 1934 benannte man die neuen Alsterschiffe nach getöteten „alten Kämpfern" der Partei aus Hamburg.

„SOZIALE GESTALTUNG" DER HOCHBAHNTARIFE

Bei der Gestaltung und Finanzierung des zukünftigen Verkehrsangebots hingegen zeigten sich rasch die typischen Widersprüche und Konfliktlinien der Entscheidungsfindung im autoritären „Führerstaat". Und auch mit der Politisierung

Adolf Hitler

Gegen den deutschen Arbeiter soll **kein** Staat gebildet werden **Nein, mit ihm** soll er entstehen

Aus der Rede auf dem ersten Kongreß der Deutschen Arbeitsfront

Um mehr Fahrgäste für die öffentlichen Verkehrsmittel zu gewinnen, wurde von den Machthabern gegen das Fahrrad agitiert.

für die HOCHBAHN ein großes finanzielles Opfer bedeute und man selbst bei einer erhofften Steigerung der Fahrgastzahlen mit rund einer Million Reichsmark Verlust rechne. Die Senkung der Fahrpreise für Kinder sollte trotz der gleichzeitigen Verteuerung der Schülerkarten und des Wegfalls anderer Vergünstigungen mit weiteren 226 000 Reichsmark Verlust zu Buche schlagen. Er appellierte daher nachdrücklich an die Bevölkerung, dieses Verkehrsangebot der (defizitären) HOCHBAHN intensiv zu nutzen.

Die Bemühungen, die Fahrgastzahlen zu steigern, nahmen geradezu skurrile Züge an. Mitte der 1930er-Jahre waren der HOCHBAHN vor allem die Fahrradfahrer ein Dorn im Auge, und Stanik forderte mehrfach, allerdings vergebens, von Bürgermeister Krogmann, dass man offiziell gegen „den die Straßen in übermäßigem Umfange belastenden Radfahrverkehr in der Innenstadt vorgehen solle". Diese Maßnahme wäre jedoch zu unpopulär gewesen. Zudem hatte man im Reichsverkehrsministerium längst den gesundheitlichen Wert des Radfahrens erkannt und förderte den Bau neuer Radwege. Die HOCHBAHN ließ aber nicht locker und schickte im April 1935 unter dem Motto „Radfahrer, überlege es dir!" einen mit Plakaten behängten Straßenbahnwagen durch die Stadt, der mit Unfallstatistiken und der Zeichnung eines Radfahrers, dem buchstäblich der Sensenmann im Genick saß, für den Umstieg auf die bequeme und billige HOCHBAHN warb. Ende Mai 1935 musste der Aufsichtsratsvorsitzende Engelhard von Nathusius einräumen, dass diese Kampagne gescheitert

der HOCHBAHN stießen die Machthaber bald an ihre Grenzen. Die wichtigste Neuerung stellte der ab 5. Mai 1933 eingeführte Erwerbslosentarif mit Fahrkarten für 10 Pfennig dar, für den Stanik sich in der Presse feiern ließ, „da er die Wünsche der Bevölkerung erhörte und zu deren Erfüllung bereit ist, auch einmal etwas zu riskieren". Verschwiegen wurde jedoch, dass die HOCHBAHN-Aktionäre und die Stadt das finanzielle Risiko trugen. Ab Mitte Oktober 1934 konnten auch Arbeiter und Angestellte die neuen Wochen- und Mehrfahrtenkarten erwerben, die im Berufsverkehr den Preis für die einfache Fahrt ebenfalls auf 10 Pfennig senkten. Stanik betonte öffentlich, dass die „soziale Gestaltung ihres Tarifwesens"

Im Jahre 1934 besuchte „der Führer" Adolf Hitler die Stadt.

war, was nicht zuletzt an der anhaltenden Wirtschaftskrise in Hamburg lag. Trotz eines leichten Anstiegs der Fahrgastzahlen hatte das Jahr 1934 mit Einnahmen von nur noch 37,19 Millionen Reichsmark einen Tiefstand gebracht.

Die Auseinandersetzungen um die ermäßigten Sozialtarife waren jedoch kein reines hamburgisches Problem: Um die Wirtschaftlichkeit der Unternehmen im öffentlichen Nahverkehr nicht weiter zu gefährden, verbot das Reichsverkehrsministerium ab 1. April 1935 jegliche Ermäßigungen, wenn diese nicht allen Bevölkerungsgruppen offenstanden. Im Frühjahr 1938 setzte sich die Hamburger Fürsorgebehörde (mit der Rückendeckung Kaufmanns und des Senats) jedoch darüber hinweg, indem sie Fahrpreisermäßigungen für Schwerbeschädigte anordnete, der HOCHBAHN aber die eigentlich fälligen Ausgleichszahlungen verweigerte.

Die nächste grundlegende Reform im Sommer 1939 wurde ebenfalls von Kaufmann beeinflusst. Sie vereinfachte unter anderem das komplizierte System der Tarife und Fahrscheine, brachte bessere Umsteigemöglichkeiten für Hafenarbeiter und senkte die Preise für Fahrten aus den Außenbezirken.

FÜR DIE AKTIONÄRE WAR IMMER GENUG GELD DA

In den 30er-Jahren profitierte die HOCHBAHN zunehmend von den Massenveranstaltungen der Partei, wie den Aufmärschen am 1. Mai oder den Besuchen Hitlers in Hamburg, etwa am 12. April 1938 anlässlich des Stapellaufs eines KDF-Schiffes.

Man verdiente aber auch an Sonderfahrten, die Arbeiter zu den Baustellen der Reichsautobahn im Umland brachten, und über eine Tochterfirma an der Vermarktung von Reklameflächen. Zudem ergänzten Angebote im Ausflugsverkehr, darunter mehrtägige Fernreisen mit dem Bus bis nach Bayern oder nach Dänemark, das Spektrum der HOCHBAHN-Aktivitäten.

Die Forderung nach möglichst guten Betriebsergebnissen der HOCHBAHN stand mit den politischen Einflussnahmen jedoch zumeist im Widerspruch. Dies betraf nicht nur die Fahrpreisgestaltung, sondern auch den 1934 durchgesetzten Verkauf des Kraftwerks in Barmbeck an die Hamburger Electricitätswerke (die HOCHBAHN verpflichtete sich, den Strom künftig vollständig von den HEW zu beziehen und kein neues eigenes Kraftwerk zu bauen) und die im Jahre 1938 erzwungene Übernahme der defizitären Walddörferbahn.

Ein weiterer Ausbau des U-Bahn-Netzes scheiterte am fehlenden Geld. Vorgesehen war, die neue Kelljunglinie vom Jungfernstieg durch die Bergstraße an die Ringlinie heranzuführen. Weiterhin war der Bau einer Strecke von Jungfernstieg nach Schlump angedacht sowie die Verlängerung der Strecken von Berliner Tor nach Horn und von Hellkamp nach Stellingen.

Dafür wurde der finanziell angeschlagene Hamburger Staat 1935 und 1936 erstmals voll für die Dividendengarantie der Privataktionäre in Anspruch genommen und musste jährlich mehr als zwei Millionen Reichsmark zahlen. Prinzipiell hätte diese äußerst unbequeme „kapitalistische" Dividendengarantie durch ein Reichsgesetz aufgehoben werden

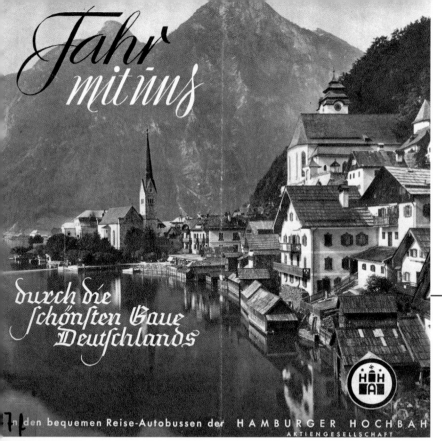

können (und tatsächlich wurde in Berlin auf höchster Ebene darüber auch verhandelt): Da aber die Kleinaktionäre aus sozialen Gründen geschont werden sollten, einigte man sich auf die Sprachregelung, dass die „Einsparung so gering wäre, dass die Summe in keinem Verhältnis zu der Gefahr eines Prestigeverlustes für die Hansestadt Hamburg stünde". Da die wirtschaftliche Erholung des Reiches jedoch langsam auch in Hamburg spürbar wurde, besserten sich auch endlich die Einnahmen der HOCHBAHN. 1937 kamen 42,04 Millionen Reichsmark in die Kasse, und in den folgenden beiden Jahren konnten die Einnahmen noch einmal um jeweils rund vier Millionen Reichsmark pro Jahr gesteigert werden. Dennoch musste Hamburg die jährlichen Dividendenzahlungen mit jeweils knapp 1,5 Millionen Reichsmark bezuschussen.

DAS „GROSS-HAMBURG-GESETZ"

Ein wichtiges Datum – nicht nur für die HOCHBAHN – war der 1. April 1937, der Tag des Groß-Hamburg-Gesetzes: Die bisher eigenständigen Städte Groß-Altona, Wandsbeck und Harburg-Wilhelmsburg fielen an das Land „Hansestadt Hamburg" und sollten im Laufe der nächsten Jahre vollständig ins Stadtgebiet eingegliedert werden. Im Gegenzug wurden die Städte Geesthacht und Cuxhaven (Amt Ritzebüttel) sowie die Insel Neuwerk (die seit 1969 wieder zu Hamburg gehört) sowie Großhansdorf aus dem Hamburger Stadtgebiet entlassen. Nun waren die rechtlichen Grundlagen geschaffen, mit denen

Der Krieg verhinderte den Bau des mächtigen „Kraftverkehrshauses" am Hauptbahnhof, mit dem sich Friedrich Stanik ein monumentales Denkmal setzen wollte.

Hamburg weiter wachsen konnte. Das Sagen hatte allerdings jetzt die Politik respektive das Büro des Reichsstatthalters – und an die Stelle von Rentabilitätserwägungen traten nun willkürliche Setzungen der zukünftigen Siedlungs- und Bevölkerungsstruktur für die „Führerstadt" Hamburg. Die zuständigen Senatsdienststellen erstellten in den kommenden Monaten daher einen neuen Bebauungsplan, der auch den Ausbau der U-Bahn berücksichtigte. Dieser Ausbau orientierte sich an den bereits bestehenden Verkehrsströmen. Das „Hamburger Fremdenblatt" berichtete über die Planung von gleich sechs neuen Schnellbahnlinien, darunter vordringlich eine Verlängerung der U-Bahn vom Hauptbahnhof in Richtung Osten über Berliner Tor, Hamm und Horn in Richtung Billstedt. Im Gespräch war außerdem die Verlängerung der Eimsbütteler Linie. Als neue Verbindungen waren die Strecken von Schlump zum Jungfernstieg, von Altona über den Hauptbahnhof nach Wandsbeck sowie von Altona nach Norden in Richtung Lokstedt vorgesehen. Außerdem gab es Überlegungen, das südlich der Elbe gelegene Hafengebiet entweder durch eine U-Bahn oder über eine Hochbrücke für Autos an Altona anzubinden.

Tatsächlich aber wurden im Lauf der 30er-Jahre nur eine Reihe von Straßenbahnlinien erweitert und neue Autobuslinien in Betrieb genommen. Das waren Maßnahmen, die vergleichsweise geringe Investitionen erforderten. Hinsichtlich der teuren Erweiterung des U-Bahn-Netzes verhielt sich Stanik (seit dem Jahre 1937 auch „Vorstandsvorsitzender"

der HOCHBAHN) dagegen ähnlich zurückhaltend wie sein zwangsentlassener Vorgänger Stein. Über ein Gesamtkonzept für den Ausbau des Netzes konnten sich die Stadt Hamburg und der HOCHBAHN-Vorstand jedenfalls nicht einigen. Stanik und der 1938 bei der HOCHBAHN eingetretene neue technische Direktor und Straßenbahn-Fachmann Friedrich Lademann standen einem groß angelegten Ausbau des Netzes, wie ihn die „Führerstadt"-Planungen vorsahen, kritisch gegenüber. Denn selbst wenn die Investitionen von der Stadt übernommen worden wären, hätte die HOCHBAHN anschließend den Betrieb finanzieren müssen, was angesichts der angespannten Finanzlage nicht zu stemmen war.

So skeptisch sich Stanik gegenüber dem Netzausbau verhielt, so energisch trieb er ab 1938 ein Großprojekt in der Innenstadt voran: den Bau eines neuen Hochbahnhauses für die Verwaltung mit angeschlossenem mehrgeschossigem „Kraftverkehrshaus" für den gesamten Hamburger Autobusverkehr sowie einer Garage für bis zu 500 Kraftwagen. Dieser riesige Komplex hätte am Klosterwall in unmittelbarer Nähe des Hauptbahnhofs eine Grundfläche von 8500 Quadratmetern eingenommen (heute stehen dort die vier grauen Hochhäuser der City-Hof-Passage). Das neue Verwaltungshochhaus wäre mit 65 Meter Höhe nach dem am Elbufer geplanten NSDAP-Gauhaus das höchste Gebäude Hamburgs gewesen. Der Hamburger Finanzsenator Hans Nieland sperrte sich angesichts der wenig tragfesten finanziellen Kalkulationen Staniks ein halbes Jahr lang gegen die Genehmigung des Projekts,

Nach den verheerenden Bombennächten 1943 (und auch später, nach Kriegsende) wurde der Gütertransport auf Hamburgs Straßen auch durch die Straßenbahn unterstützt.

konnte sich aber am Ende gegen Reichsstatthalter Kaufmann und Bürgermeister Krogmann nicht durchsetzen. Der Bau wurde begonnen, musste aber schon bei Kriegsbeginn aufgrund von Materialmangel eingestellt und nach 1945 endgültig abgeschrieben werden.

An all diesen uneinheitlichen (und letztlich gescheiterten) Zukunftsplanungen für die HOCHBAHN zeigt sich vielleicht am deutlichsten, dass es schon in den Friedensjahren des „Dritten Reichs" weder aufseiten der Unternehmensleitung unter Stanik noch aufseiten Kaufmanns und des Senats einheitliche Vorstellungen über die Rolle der HOCHBAHN im nationalsozialistischen Staat gab: Stärker noch als beim Tarifwesen und den Finanzierungsfragen wechselte man beliebig zwischen gegensätzlichen Zielen, kleinteiligen Einzelinitiativen und utopischen Großprojekten hin und her. Mit dem Beginn des Zweiten Weltkriegs im September 1939 trat man endgültig in eine Phase der Unternehmensentwicklung ein, in der es nur noch um kurzfristige Anpassung und vor allem um Improvisation unter sich ständig verschlechternden Rahmenbedingungen ging – und nicht zuletzt ums nackte Überleben.

KRIEGSJAHRE

Als leistungsfähiges Nahverkehrsunternehmen war die HOCHBAHN mittlerweile für eine Millionenstadt wie Hamburg unverzichtbar geworden. Im Krieg wurde sie dann zu einem „lebenswichtigen Betrieb", wie Stanik im ersten

Kriegsheft von „Stirn und Faust" hervorhob. Schon kurz nach dem Überfall auf Polen am 1. September 1939 wurde der Individualverkehr mit Privatautos und bald auch mit Fahrrädern deutlich eingeschränkt. Infolgedessen strömten der HOCHBAHN immer mehr Passagiere zu: Wurden 1939 279 Millionen Fahrten verzeichnet, waren es 1940 bereits 306 Millionen. Zur Jahreswende 1941/42 überschritt man die bisherige Höchstmarke aus den späten 20er-Jahren, und im Katastrophenjahr 1943 verbuchte man trotz der Bevölkerungsverluste 328 Millionen Fahrten. Ohne die Beförderungsleistungen im Berufsverkehr wären Hafen und Rüstungsbetriebe nicht zu betreiben gewesen. Zudem hätte man ohne die im Lauf des Kriegs einsetzenden Gütertransporte mit der Straßenbahn die Versorgung der Bevölkerung nicht aufrechterhalten können, und ohne den Transport von Baumaterial und Schutt wären die Zerstörungen durch den Luftkrieg noch weniger beherrschbar gewesen. Innerhalb des Unternehmens ging die Verantwortung zu diesem Zeitpunkt zunehmend auf Friedrich Lademann über, da Stanik immer stärker von seinen Parteifunktionen in Anspruch genommen wurde.

Paradoxerweise bedingte gerade ihr „Erfolg" im Krieg für die HOCHBAHN ebenso wie für andere Nahverkehrsgesellschaften in Deutschland eine Umkehrung der Unternehmensperspektive: War es seit 1933 stets darum gegangen, die Fahrgastzahlen zu steigern, musste man nun im Krieg vermeiden, mehr Fahrgäste als unbedingt notwendig anzuzie-

hen. „Überflüssige" Fahrten waren unerwünscht, und dass, obwohl die HOCHBAHN als Aktiengesellschaft formell weiter auf Gewinnerzielung ausgerichtet war.

HOCHBAHNER AN DIE FRONT

Noch im September 1939 verlor die HOCHBAHN durch Einberufungen einen großen Teil ihrer 11000 Mitarbeiter zählenden Belegschaft. Die Lücken wurden zunächst durch Erhöhungen der Arbeitszeit und den Einsatz von Pensionären und Studenten ausgeglichen. Zudem griff man nun vermehrt auch auf Frauen zurück: 1940 waren es bereits mehr als 1000, die zu Schaffnerinnen und später auch zu Straßenbahnfahrerinnen ausgebildet wurden. Ihre „Nützlichkeit" wurde nach 1939 nicht mehr infrage gestellt.

Ebenso wie zahlreiche Hamburger Behörden und Firmen beschäftigte auch die HOCHBAHN ausländische Zivilarbeiter und Kriegsgefangene.

In der Aufsichtsratssitzung im März 1941 berichtete Stanik, man habe „die Zuweisung von zunächst 85 Arbeitern aus Italien beantragt". Untergebracht wurden sie in einer Wagenhalle in Rothenburgsort in der Billstraße. 1943 befand sich dort ein „Franzosenlager". Nachgewiesen sind ferner für 1943 und 1944 Lager mit russischen Gefangenen in der heutigen Von-Sauer-Straße, der Tesdorpfstraße und der Werkstatt Falkenried. Die letzten im „Dritten Reich" erstellten Geschäftsberichte für 1941 und 1942 erwähnen lediglich den Einsatz

„ausländischer Arbeitskräfte", ohne nähere Angaben dazu zu machen. Nicht nur bei Aufräumungs- und Wartungsarbeiten in den Werkstätten profitierte die HOCHBAHN von den Zwangsarbeiten, sondern auch bei der Trümmerräumung nach Luftangriffen. Andere arbeiteten für Firmen, die die HOCHBAHN bei Reparaturarbeiten an Tunneln und Brücken einsetzte, oder bauten die Behelfshäuser für ausgebombte Hochbahner.

DISKRIMINIERUNG JÜDISCHER FAHRGÄSTE

Die HOCHBAHN hatte seit 1933 zwar von sich aus keine besonderen Maßnahmen gegen jüdische Fahrgäste ergriffen, setzte aber die Reichsvorschriften zur „schrittweisen Ausgrenzung" der Juden aus dem öffentlichen Leben selbstverständlich um. Unmittelbar vor dem Beginn der „Kennzeichnungspflicht" für Juden am 18. September 1941 ordnete das Reichsverkehrsministerium an, dass Juden bestimmte Verkehrsmittel nur noch mit polizeilicher Erlaubnis und außerhalb der Hauptverkehrszeiten benutzen durften. Sitzplätze standen ihnen nur noch dann zu, wenn keine anderen Fahrgäste mehr stehen mussten. In einem vertraulichen Erlass vom November 1941 wies Verkehrsminister Dorpmüller darauf hin, dass durch die Ausgrenzungsmaßnahmen der Arbeitseinsatz der Juden und der Zugang zu Versorgungsstellen und der Betriebsablauf nicht gefährdet werden solle. Deshalb sei von einem völligen Ausschluss von der Beförderung abzusehen. Außerdem verzichtete man auch darauf, ihnen besondere Abteile oder Plät-

Zum Abtransport von Schutt wurden Spezialwagen der Straßenbahn eingesetzt. Wo es möglich war, half schweres Gerät beim
Beseitigen der Trümmer. Mit dem Trümmerschutt wurden auch
einige Hamburger Fleete verfüllt.

Not macht erfinderisch: Einige Busse fuhren während des Krieges mit Flüssiggastanks auf dem Dach (links), während die Straßenbahn beim Abtransport der Schutt- und Trümmerberge eingesetzt wurde.

ze zuzuweisen, sie aus den Wagen auf die Plattformen der Straßenbahn zu verbannen oder sie bei Überfüllung zum Aussteigen zu verpflichten. Im Februar 1942 ordnete das Reichsinnenministerium an, dass die Benutzung von Verkehrsmitteln durch Juden „auf ein äußerstes Mindestmaß zu beschränken" sei. Weitere Regelungen führten schließlich dazu, dass sie gänzlich auf Fahrten verzichten mussten.

Ab dem Winter 1941/42 wurde die U-Bahn von Juden sowieso weitgehend gemieden, denn sie waren immer wieder Beschimpfungen und tätlichen Angriffen ausgesetzt, die von den Schaffnern geduldet wurden. Zeitzeugen berichteten, in einigen wenigen Fällen hätten Mitreisende die Juden demonstrativ freundlich behandelt. Manche hätten sich auch geschämt, „da man es ja nicht wagen durfte, für eine ältere Judenfrau in der Straßenbahn aufzustehen und ihr den Sitzplatz anzubieten".

DIE SPUREN DES KRIEGES

Die Verluste durch die Einberufungen konnten nur zum Teil ausgeglichen werden, und die HOCHBAHN musste die steigenden Fahrgastzahlen mit weniger Personal bewältigen. Hinzu kam, dass immer weniger Fahrzeuge zur Verfügung standen, denn durch Requirierungen der Wehrmacht verlor sie noch im September 1939 die meisten ihrer Busse. In manchen Fällen wurden sie gleich zusammen mit ihren angestammten Fahrern an der Front eingesetzt. Für die verbliebenen Busse gab es bald kaum noch Reifen und Treibstoff, sodass man mit Alternativen

wie Flüssiggas und ab 1942 Leuchtgas experimentierte. Ebenfalls noch 1939 war die Linienschifffahrt auf der Alster stillgelegt worden, mit Ausnahme der im Sommer verkehrenden Fähre.

Mit diesen „planmäßigen" Einschränkungen trugen nun die Straßenbahnen die Hauptlast des Verkehrs. Schon ab dem Spätherbst 1939 waren sie chronisch überfüllt und oft nicht funktionstüchtig, wodurch der Fahrplan kaum noch einzuhalten war. Da Wagen und Haltestellen verdunkelt sein mussten, kam es vor allem in den ersten Monaten zu zahlreichen, teilweise tödlichen Unfällen. In den U-Bahn-Wagen war von der propagandistisch beschworenen „Volksgemeinschaft" nur wenig zu spüren: In der Weihnachtsausgabe von „Stirn und Faust" räumte Stanik Ende 1939 ein, die Fahrgäste würden „sich gegenwärtig häufig beschweren", und es werde „kräftig geschimpft". Auf Kriegsbeschädigte wurde keine Rücksicht mehr genommen, es herrschte ein rüder Umgangston in Bussen und Bahnen, und das Gedränge werde massiv zum Schwarzfahren ausgenutzt. In den kommenden Jahren bat man in der Hamburger Presse immer wieder darum, die HOCHBAHN nicht an den Verhältnissen im Frieden zu messen.

Freundlicher dürften diejenigen gedacht haben, denen später U-Bahn-Haltestellen und Tunnelschächte während der Bombenangriffe das Leben gerettet hatten. So berichtete der Pfarrer der Christuskirche in Eimsbüttel, wie sich die Menschen 1943 an der dortigen Haltestelle in den Untergrund geflüchtet hatten, als der Hochbunker neben der Kirche überfüllt war.

Ein Jahr später wurde gerade diese Haltestelle dann aber zur tödlichen Falle, als der U-Bahn-Eingang einen Volltreffer erhielt und Hunderte Zivilisten starben.

Um unter den Bedingungen überfüllter Straßenbahnwagen und kurzfristig angelernten Personals den Betrieb überhaupt bewältigen zu können, wurde in mehreren Schritten – auch auf Druck des Reichsverkehrsministeriums – die Tarifstruktur umgestellt. Schon ab September 1939 stieg die Zahl derjenigen Fahrgäste deutlich an, die Zeitkarten nutzten. Zwar entfiel so das zeitraubende Kassieren für Einzelfahrscheine, aber hierdurch reduzierten sich auch die Einnahmen. Noch größere Lücken in die Bilanz riss der zeitgleich eingeführte Wehrmachtstarif, eine „Ehrengabe für die kämpfende Truppe", für 10 bis 15 Pfennig – bei Selbstkosten von über 20 Pfennig pro Fahrt verbuchte die HOCHBAHN damit einen Einnahmeausfall von einer Million Reichsmark im Jahr. Weniger gravierend wirkte sich dagegen zunächst die „Ehrenpflicht" aus, Verwundete kostenlos zu befördern. Ende 1944 wurde diese infolge der Einziehung des Volkssturmes bei der HOCHBAHN abgeschafft.

Im September 1942 genehmigte Reichsstatthalter Kaufmann dann eine weitgehende Tarifreform bei der HOCHBAHN, die die verbliebenen Verkehrsmittel entlasten und die Abfertigung der Fahrgäste für die Schaffner erleichtern sollte. Ab 1. Oktober reduzierte man die Anzahl unterschiedlicher Fahrscheine drastisch von 128 auf 15, warb für den Kauf von Monatskarten, die im Gegensatz zu Wochenkarten im Preis sanken, und setzte den Mindestfahrpreis für Einzelfahrten auf 25 Pfennig herauf,

um „Kurzfahrer" abzuschrecken. Im Mai 1943 wurde reichsweit der „sparsame Einheitsfahrschein" propagiert, und im August 1944 mahnte das Reichsverkehrsministerium eine weitere Tarifvereinfachung im Nahverkehr an.

Um die Ernährung der Bevölkerung trotz der zunehmenden Transportprobleme sicherzustellen, übernahmen die Straßenbahnen neben der Personenbeförderung auch die vielfach diskutierte Beförderung von Gütern. Im März 1942 transportierten die ersten Züge Obst und Gemüse vom Deichtormarkt aus der Innenstadt zu den Händlern in den verschiedenen Stadtteilen. Obwohl die HOCHBAHN für diesen Service hohe Preise berechnete, spielte sich das System rasch ein und wurde im Lauf des Jahres auf Baumaterial, Zeitungspakete, sonstige Lebensmittel und Stückgut erweitert. Mit der Zunahme von Luftangriffen kam die Abfuhr von Trümmern und Schrott hinzu. In der Regel erfolgten die Transporte nachts oder außerhalb des Berufsverkehrs. Eingesetzt wurden dabei nicht mehr nutzbare reguläre Straßenbahnwagen und Kipploren.

Durch die hohe Auslastung der Züge sowie den Einsatz von Frauen, die geringere Löhne als die Männer erhielten, arbeitete die HOCHBAHN zumindest in den ersten Kriegsjahren kostendeckender, doch sie war nicht in der Lage, aus ihren Einnahmen die Dividende der Aktionäre allein zu tragen. Hinzu kamen die Ausgaben für soziale Leistungen, die das Unternehmen nach wie vor seinen Mitarbeitern gewährte. Den größten Posten machten dabei freiwillige Zahlungen an die zur Wehrmacht eingezogenen Hochbahner beziehungsweise

ihre Familien aus. Noch 1939 wendete das Unternehmen dafür fast 250 000 Reichsmark auf. 1940 und 1941 waren es bereits jeweils knapp 800 000 Reichsmark. Hohe Zahlungen an die Rentenhilfskasse taten ihr Übriges. 1939 wurde in Reinfeld in Holstein ein Grundstück zum Bau eines werkseigenen Kindererholungsheims erworben. Zwei Jahre später wünschte Stanik die Erhöhung des Kinderzuschlags – mit Kosten von einer Million Reichsmark – und die Einführung eines Weihnachtsgeldes, das die HOCHBAHN nach seinen Angaben als einziger öffentlicher Betrieb in Hamburg nicht zahle. Dafür veranschlagte er eine weitere Million. 1943 übernahm das Unternehmen von der Sparcasse von 1827 die Hanseatische Siedlungsgesellschaft. Sie sollte Häuser und Siedlungen für Hochbahner bauen, errichtete aber zunächst vor allem Behelfswohnun-

gen. Dazu kaufte die HOCHBAHN Grundstücke unter anderem in Wandsbeck und in Harburg. Sein Engagement für den Wohnungsbau begründete Stanik damit, die Härten des Dienstes im Krieg mildern und wenigstens ansatzweise eine Zukunftsperspektive aufzeigen zu wollen.

Neben den sozialpolitischen Maßnahmen Staniks hatte „Stirn und Faust" bis ins letzte Kriegsjahr hinein eine Schlüsselfunktion für die Identifikation mit dem Unternehmen inne. Die Zeitschrift erschien bis Ende 1944 zwar in immer geringerem Umfang, jedoch weiterhin in hoher Auflage. Zur Wehrmacht eingezogene Hochbahner bekamen „Stirn und Faust" nachgesandt und wurden darin von ihrem Chef besonders angesprochen. Die Soldaten berichteten wiederum in Feldpostbriefen ausführlich von ihren „Abenteuern" an der Front und schickten sie an die Redaktion. Teilweise schlugen sie dabei einen deutlich nationalsozialistischen und antisemitischen Unterton an, wobei nicht zu sagen ist, ob die „Stirn und Faust"-Redakteure hierbei nachgeholfen haben. Denn es ging ja schlichtweg vor allem darum, die Motivation der verbliebenen Mitarbeiter aufrechtzuerhalten. Im Verlauf des Krieges nahmen die ideologisch gefärbten Artikel in „Stirn und Faust" jedoch ab, während die Zahl der Beiträge über Betriebsfeiern sowie Karikaturen und Witze, aber auch zunehmend Todesanzeigen für gefallene oder durch Luftangriffe in Hamburg umgekommene Hochbahner die Seiten füllten.

Der groß angelegte „Generalverkehrsplan für Hamburg" spielte in dieser Zeit nur noch eine untergeordnete Rolle. Der

Während 1944 in den südlichen Stadtteilen bereits Tausende von Behelfsheimen errichtet wurden (links), verfolgte die HOCHBAHN-Führung mit ihrem Haus-und-Hof-Architekten Konstanty Gutschow trotz des bevorstehenden Untergangs hochfahrende Pläne.

HOCHBAHN-Vorstand stand den von der Stadt forcierten Ausbauplänen fürs Streckennetz weiterhin skeptisch gegenüber. Federführend war auf diesem Gebiet seit Ende der 30er-Jahre der „Architekt des Elbufers" oder „Architekt für die Neugestaltung der Hansestadt Hamburg", Konstanty Gutschow, der dem Reichsstatthalter Kaufmann direkt unterstellt war.

Die zum Teil inzwischen geänderten Pläne sahen nun den Ausbau der Verbindung vom Jungfernstieg über Berliner Tor nach Horn und den Bau einer Elbuferlinie vor, die vom Jungfernstieg über Altona weiter nach Lurup geführt werden sollte. Letztere war für die Hafenarbeiter gedacht, die dann mit Fähren über die Elbe gebracht werden sollten. Sie hätte gleichzeitig auch der Anbindung der am Altonaer Elbufer geplanten großen Volkshalle und des Gauhauses gedient, gemeinsam mit vier weiteren U-Bahn-Linien aus verschiedenen Richtungen und einem S-Bahnhof. Bereits bei den beiden ersten Linien war man von Kosten um die 100 Millionen Reichsmark ausgegangen, die von der Stadt hätten getragen werden müssen.

Weitere Einzelheiten des Ausbaus wurden im November 1940 festgelegt: Ein Bauprogramm über zehn Jahre sah nun jährliche Ausgaben von 15 Millionen Reichsmark vor, die in sieben parallel und senkrecht zur Elbe verlaufende U-Bahn-Linien investiert werden sollten. Ein Versuch Staniks, mittels eines umfangreichen externen Gutachtens zu einem zweiten Hauptbahnhof im Westen der Stadt noch einmal Einfluss auf die Verkehrsplanungen zu nehmen, endete im Herbst 1940 ergebnislos.

Ein weiterer zentraler Punkt der Auseinandersetzung zwischen HOCHBAHN, Stadt, Reichsbahn und den wirtschaftlichen Interessengruppen war die Anbindung Harburgs und der südlich der Elbe gelegenen Stadtteile. Diskutiert wurde eine Ausdehnung der HOCHBAHN vom Millerntor in den Hafen und dann weiter nach Harburg. Allerdings wären die geschätzten Kosten von bis zu 250 Millionen Reichsmark für eine umfassende Tunnellösung astronomisch gewesen. Selbst eine abgespeckte Variante mit nur einem Tunnel unter der Norderelbe hätte noch 180 Millionen Reichsmark gekostet – und hätte niemals rentabel betrieben werden können.

Die Diskussionen über die Planungen Gutschows für die Innenstadt verliefen ebenfalls nicht konfliktfrei: Der Vorstand akzeptierte zwar die Ausdünnung des Straßenbahnnetzes, wandte sich aber gegen die völlige Verdrängung ihres rentabelsten Unternehmensteils aus dem Straßenbild. Stanik und Lademann beharrten gegenüber den Zukunftsentwürfen Gutschows – übrigens nicht zu Unrecht – auf den Grundsätzen wirtschaftlicher Betriebsführung, boten aber keine eigenen Perspektiven für die Entwicklung der HOCHBAHN an. Und so wurde von diesen Ausbauplänen während der Kriegszeit nichts verwirklicht.

DIE HOCHBAHN IM BOMBENKRIEG

Einen katastrophalen Wendepunkt für Hamburg und damit auch für die HOCHBAHN bildeten die insgesamt sieben

Bei Kriegsende war das Hochbahnhaus an der Steinstraße durch mehrere Bombentreffer zerstört worden. Es wurde wieder aufgebaut.

Angriffswellen britischer und amerikanischer Bomberverbände im Juli und August 1943, die als „Operation Gomorrha" in die Geschichte eingehen sollten. Bis dahin hatte man Schäden des Streckennetzes durch Luftangriffe stets einigermaßen zügig beseitigen können. Die Nächte des Feuersturms brachten den geregelten Liniendienst jedoch vorübergehend ganz zum Erliegen. Neben den Personalverlusten – zu den 337 bei der Wehrmacht gefallenen Hochbahnern kamen bis zum Kriegsende 270 Mitarbeiter hinzu, die ums Leben kamen – war die teilweise Zerstörung des Hochbahnhauses, zahlreicher Haltestellen, Betriebshöfe und Werkstätten sowie der Tunnel und Gleisanlagen zu verkraften. Zu den ausgebombten Mitarbeitern, von denen viele in den ersten Tagen unerreichbar waren und nicht zum Dienst erschienen, gehörte auch Friedrich Stanik selbst. Er hatte in der zweiten Nacht des Angriffs als Parteifunktionär noch geholfen, in einer dramatischen Rettungsaktion Menschen über die Elbe aus dem brennenden Rothenburgsort herauszubringen.

Obwohl die Betriebsleitung angesichts der zunehmenden Gefahr aus der Luft schon dazu übergegangen war, Wagen über Nacht dezentral abzustellen, waren nach dem vorläufigen Ende der Angriffe allein bei der Straßenbahn 431 Trieb- und Beiwagen zerstört, dazu zahllose Gleise und Oberleitungen. Verluste gab es auch bei den Alsterschiffen und den verbliebenen Bussen. Von 400 U-Bahn-Wagen waren 100 vernichtet, weitere 100 schwer beschädigt worden. Der gesamte südöstliche Teil der Ringlinie war nicht mehr befahr-

Da Rothenburgsort und die angrenzenden Stadtteile nahezu vollständig zerstört waren, wurde auch die U-Bahn-Linie nicht wiederaufgebaut.

bar. Massive Schäden gab es auch auf den Zweiglinien nach Ohlsdorf und Eimsbüttel. Die Strecke nach Rothenburgsort war derart zerstört, dass man von Reparaturen absah. Schwer getroffen waren auch das Straßenbahnnetz und die Werkstätten und Betriebshöfe.

Der Verkehr einschließlich der Evakuierungen musste in den ersten Tagen und Wochen mit eilig aus anderen deutschen Städten herangeschafften Bussen und teils ortsunkundigen Fahrern bewältigt werden, bis die Straßenbahnen wieder fuhren. Sie konnten die Innenstadt erst im Oktober wieder erreichen. Im U-Bahn-Netz war nur die Verbindung der Walddörferbahn in den Norden relativ unbeschädigt geblieben. Mithilfe von Pionieren der Wehrmacht konnten Anfang September 1943 zumindest Teile der Ringlinie im Nordwesten sowie die Strecke Kellinghusenstraße–Jungfernstieg wieder fahrbereit gemacht werden. Bei der Straßenbahn stellte man mit auswärtigen Turmwagen erst weniger zerstörte Streckenabschnitte wieder her und arbeitete dann die schwereren Schäden nacheinander ab.

Die provisorische Wiederherstellung der wichtigsten Verkehrsverbindungen durch die HOCHBAHN trug ebenso wie die Wiederherstellung der Versorgung mit Wasser, Strom und Gas dazu bei, dass sich in der halb zerstörten Stadt wieder ein leises Gefühl von Ordnung etablierte und das von der nationalsozialistischen Führung befürchtete Aufbegehren gegen den Krieg ausblieb. Doch in den restlichen knapp anderthalb Jahren des Krieges nahm die Anzahl der betriebsfähigen Wa-

gen der HOCHBAHN und der befahrbaren Hoch- und Straßenbahngleise immer weiter ab. Im Juni 1944 wurde das Hochbahnhaus ein zweites Mal bombardiert und die Buchhaltung weitgehend vernichtet. Im Winter 1944/45 legten Stromausfälle immer wieder den Betrieb lahm, und außerhalb des Berufsverkehrs gab es Sperrzeiten. Bei Reparaturen konnte man nur noch vereinfachen und improvisieren: So wurden in den Wagen zerbrochene Scheiben durch Pappe ersetzt und kaputte Böden mit Platten abgedeckt. Dennoch kam der Betrieb bis zum Kriegsende nie vollständig zum Erliegen.

DAS ENDE DES „DRITTEN REICHS"

Am 3. Mai 1945, kurz vor der (kampflosen) Übergabe der Stadt an die britischen Truppen, die vor der Stadt standen, wandte sich Friedrich Stanik zum letzten Mal an die Belegschaft: Es sei „bei Besetzung unserer Heimatstadt durch den Feind der Dienst in normalem Umfange zu versehen. Ich erwarte von allen Arbeitskameraden, dass sie dem Aufruf unseres Gauleiters gemäß Ruhe, Disziplin und Würde wahren". Unmittelbar nach der Kapitulation und der Übernahme Hamburgs durch die Briten ruhte der öffentliche Nahverkehr. Er wurde allerdings am 8. Mai, dem Tag der deutschen Kapitulation, zunächst auf den noch betriebsfähigen Teilstücken der U-Bahn und am 16. Mai auch mit der Straßenbahn wieder aufgenommen. Die Aufsicht führte nun die „Highways and Highway Transport Branch" der Besatzungsmacht. Sie verwaltete nicht nur die wenigen verbliebenen

Zum großen Teil waren auch die U-Bahn-Tunnel – von der Bevölkerung nicht selten als behelfsmäßige Bunker genutzt – von den Bombardements der Alliierten schwer getroffen worden.

Transportkapazitäten in der Personen- und Güterbeförderung und teilte der HOCHBAHN Treibstoff und Material zu, sondern leitete im Zusammenwirken mit dem Vorstand und dem neuen Betriebsrat auch die Entnazifizierung des Unternehmens ein.

Anstelle des Generaldirektors Stanik rief Bürgermeister Rudolf Petersen im Juni 1945 den inzwischen 75-jährigen Wilhelm Stein an die Spitze des Vorstands zurück. Neuer Personalchef wurde der 1933 entlassene Betriebsrat Max Jäger. Stanik und den anderen NS-Vorständen – mit Ausnahme Friedrich Lademanns – wurde im Juni 1945 formell gekündigt. Stanik wurde zudem für mehrere Jahre interniert und in zwei Spruchkammerverfahren aufgrund seiner Leitungsfunktion in der NSDAP und des damit verbundenen Wissens um die nationalsozialistischen Verbrechen zunächst zu fünf Jahren Haft und 10 000 Reichsmark Geldstrafe, später nur zur Zahlung der Geldstrafe verurteilt. In dem nachfolgenden Entnazifizierungsverfahren in Hamburg spielte er sein Engagement als Nationalsozialist bei der HOCHBAHN herunter: So habe er mit Betriebsappellen und Versammlungen „nichts zu tun" gehabt. Bereits 1947 versuchte er erstmals, Pensionsansprüche durchzusetzen, die sich nach seinem letzten Arbeitsvertrag von 1938 auf immerhin 12 000 Reichsmark pro Jahr beliefen. Im April 1952 strengte er einen Prozess gegen das Unternehmen an und erreichte in einem Vergleich monatliche Zahlungen von 500 D-Mark. In die Verkehrswirtschaft kehrte er nicht mehr zurück, sondern arbeitete zunächst als Weinvertreter und gründete 1952 mit einem Kompagnon in Hamburg die Kaffeerösterei Strauss & Stanik.

Er erlag am 25. Februar 1964 einem Herzinfarkt, ohne dass die HOCHBAHN oder die Hamburger Presse Notiz davon genommen hätten.

Auch der technische Direktor Johann Prüß versuchte, im Entnazifizierungsverfahren seine Parteiaktivitäten kleinzureden und sich als fehlgeleiteter Idealist darzustellen, der zudem die Interessen des Unternehmens gegen die „Eigenmächtigkeiten und Übergriffe des Herrn Stanik" verteidigt habe. Seine Personalakte, die die HOCHBAHN dem Ausschuss zur Verfügung stellte, deutete allerdings in eine andere Richtung. Prüß stritt anschließend vor Gericht um seine Pension und errang im Juni 1951 einen Sieg, wie in der Hamburger Presse kritisch vermerkt wurde. Als Vorsitzender einer Interessengemeinschaft der aus politischen Gründen entlassenen Hochbahner verhandelte er anschließend mit dem Unternehmen über Wiedereinstellungen und Pensionsregelungen. Mit juristischen Mitteln erfolgreich waren auch der entlassene kaufmännische Direktor Carl Hertler, der nur auf Druck der britischen Militärregierung hatte gehen müssen und in seinen Rehabilitationsbemühungen sogar von Wilhelm Stein unterstützt wurde, und die ehemaligen NS-Personalchefs Wilhelm Sieh und Hans Knebel.

Als einziges Vorstandsmitglied im Amt blieb Friedrich Lademann. Er war zwar ab Mai 1937 NSDAP-Mitglied gewesen und hatte im Krieg das Unternehmen faktisch geleitet, konnte aber darauf verweisen, dass er 1933 bei der Berliner Verkehrsgesellschaft vorübergehend entlassen worden war. Anschließend hatte ihn der im Februar 1945 als Widerstandskämpfer hinge-

EIN LEBEN FÜR DIE HOCHBAHN

richtete Oberbürgermeister Carl Goerdeler für vier Jahre nach Leipzig geholt. Im Entnazifizierungsverfahren wurde Lademann im Herbst 1945 bescheinigt, er habe für die Partei als nicht vertrauenswürdig gegolten. Im Herbst 1947 folgte er Wilhelm Stein als Vorstandsvorsitzender und amtierte noch bis 1960.

Auf den unteren Ebenen entließ die HOCHBAHN als „politisch ungeeignet", das heißt wegen ihrer Mitgliedschaft in der NSDAP untragbar geworden, ab 1945 mehr als 550 Mitarbeiter, unter ihnen neun von 25 leitenden Angestellten, 119 von 571 Angestellten und 420 von rund 6200 Arbeitern. Die HOCHBAHN stellte sich auf den Standpunkt, dass sie den Betroffenen keine Pensionen zahlen müsste – die Entlassenen erhielten lediglich ihre eingezahlten Beiträge zurück –, hatte damit aber vor den Gerichten in der Regel keinen Erfolg. Diese Verfahren zogen sich bis Mitte der 50er-Jahre hin. Bereits Ende 1951 einigten sich Vorstand und Betriebsrat mit Zustimmung des Hamburger Bürgermeisters Max Brauer darauf, Wiedereinstellungen nach 1945 entlassener Arbeiter vorzunehmen.

Bis dahin hatte man die Lücken im Personalbestand, die der Krieg und die Entlassungen gerissen hatten, teilweise mit ehemaligen Hochbahnern aufgefüllt, die 1933 ihre Stelle verloren hatten. Über das Kriegsende hinaus fortgesetzt wurde auch die Beschäftigung von Frauen, obwohl der Vorstand dies kritisch sah. Schließlich wartete man darauf, dass die Kriegsgefangenen – im März 1947 noch knapp 800 Hochbahner – nach Hause zurückkehrten.

Der im Jubiläumsjahr 95-jährige Herbert Balz ist einer der ältesten noch lebenden HOCHBAHN-Veteranen, der sein ganzes Berufsleben lang für die Hochbahn arbeitete. 1934, mit 15 Jahren, trat er als Lehrling in die Waggonfabriken Falkenried ein. 1983 wurde er – inzwischen Werkstattleiter – pensioniert. Dazwischen lagen die unseligen Kriegsjahre. Balz geriet in Stalingrad in russische Gefangenschaft, aber seine hervorragende technische Ausbildung, so erzählte er später seinem Neffen, habe ihn damals vor der sibirischen Gefangenschaft bewahrt, aus der ja bekanntlich nur wenige Tausend deutsche Soldaten zurückkehrten. Stattdessen wurde Balz im südrussischen Sewastopol auf den Werften zwangsverpflichtet, wo ihn die Sowjets noch während des Krieges beim Aufbau ihrer Kriegsmarine mitarbeiten ließen. Als er 1950 wieder nach Deutschland zurückkehren durfte, ging er auf Empfehlung seines Vaters zurück zur Hochbahn. Herbert Balz nimmt bis heute aktiv am Leben des Nahverkehrskonzerns teil und ist ein gern gesehener Gast bei Jubiläumsfeiern – was nicht nur seine Verbundenheit mit der HOCHBAHN unterstreicht, sondern auch umgekehrt: Die Hamburger Hochbahner sehen sich schließlich als eine große Familie.

VERGANGENHEITSBEWÄLTIGUNG

1933–1945

Die Hamburger Hochbahn AG war nach 1933 ähnlich wie Behörden und andere gemischtwirtschaftliche Betriebe fest in das nationalsozialistische Herrschaftssystem in der Hansestadt integriert. Dies kam besonders deutlich in der Personalpolitik und im symbolpolitischen Bekenntnis zum „Dritten Reich" zum Ausdruck, denn hier schlossen die Interessen der Hamburger NS-Führung und des nationalsozialistischen HOCHBAHN-Vorstands unter Friedrich Stanik nahtlos aneinander an. Dagegen zeigten sich in der Tarifpolitik und in den Planungen für den zukünftigen Netzausbau Spannungen. Sie gingen vor allem auf die widersprüchlichen Interessen und Vorgaben des Reichsstatthalters Kaufmann und des Senats zurück, weniger dagegen auf eigenständige Gegenentwürfe des Vorstands.

Während der Jahre des Krieges nahm die Bedeutung des Nahverkehrsunternehmens für das alltägliche Leben der Hamburger erheblich zu. Dabei mussten immer höhere Fahrgastzahlen mit immer weniger Personal und Wagen sowie einem immer schadhafteren Streckennetz bewältigt werden. Nach 1945 konzentrierte sich die HOCHBAHN auf den Wiederaufbau, entließ aber einen Teil der als engagierte NSDAP-Mitglieder kompromittierten Mitarbeiter 1945/46. Ähnlich wie viele andere Unternehmen und Institutionen in Westdeutschland vermied auch die HOCHBAHN eine vertiefte Auseinandersetzung mit der Entwicklung in den Jahren des „Dritten Reichs".

Zu diesem Schluss kommt Dr. Christoph Strupp von der Forschungsstelle für Zeitgeschichte in Hamburg, dessen Arbeiten anlässlich des Jubiläums zum 100-jährigen Bestehen der HOCHBAHN auch im dritten Band einer insgesamt fünfbändigen Buchreihe zu finden sind, die das Unternehmen sukzessive veröffentlicht hat. In den Jahren und Jahrzehnten des Wiederaufbaus und der Erneuerung der Infrastruktur des Nahverkehrs in Hamburg trat die NS-Zeit in einer für Hamburg typischen Weise bei der HOCHBAHN nur noch fokussiert auf den Feuersturm von 1943 und die erfolgreiche Bewältigung der Kriegsschäden an die Oberfläche. Mit der Broschüre „Aufbauarbeit seit 1945" nutzte der Vorstand die verheerenden Zerstörungen 1952 auch zur Rechtfertigung seiner Tariferhöhung.

Charakteristisch für den Umgang mit dem Krieg ist zum Beispiel die Fotostrecke „Hamburg im Bombenkrieg – und zehn Jahre danach" in der „Fahr mit uns" vom Mai 1955, die den Ruinen der Kriegszeit neue „lichthelle U-Bahnhöfe", Haltestellenhäuschen und „moderne" Straßenbahnwagen und Omnibusse gegenüberstellte. Anlässlich der 25-jährigen Wiederkehr berichtete man 1968 zunächst über den „Bombenhagel und Feuersturm" des Sommers 1943 allgemein und dann unter der Überschrift „Schwer getroffen – die Hamburger Hochbahn" erneut über die Zerstörungen und den Neubau nach 1945. Selbst zum 50. Jahrestag 1993 präsentierte die Zeitschrift ein weiteres Mal eine „Bilanz der Bombenangriffe" bei der HOCHBAHN.

In den wenigen sonstigen Publikationen, die sich mit der historischen Entwicklung des Unternehmens beschäftigten, konzentrierte man sich auf die Eröffnung neuer Strecken und

die Einführung neuer Fahrzeuge und ging dabei stets von den frühen 30er-Jahren in die 50er-Jahre über. Dabei störten nur selten Gedankenlosigkeiten wie das in der Presse angeprangerte Schild „Nicht einsteigen. Kz", mit dem im Frühjahr 1949 am Bahnhof Kellinghusenstraße sogenannte Kehrzüge angezeigt wurden. Die Einbindung des Unternehmens in die nationalsozialistische Politik in Hamburg oder die Rolle Friedrich Staniks wurden für lange Jahre nicht wieder öffentlich angesprochen.

Im Zuge der Debatte um eine Beteiligung an der Bundesstiftung Erinnerung, Verantwortung und Zukunft zur Entschädigung ehemaliger Zwangsarbeiter wurde die HOCHBAHN aber ab 1999 von ihrer NS-Vergangenheit vorübergehend eingeholt. Im August erklärte man gegenüber dem Senat zunächst, es gebe keine Hinweise auf den Einsatz von Zwangsarbeitern zwischen 1939 und 1945. Dies sei auch „in den durch Publikumskontakte geprägten und mit Hoheitsaufgaben beliehenen Tätigkeitsfeldern im Fahrdienst der Verkehrsbetriebe … höchst unwahrscheinlich". Als das „American Jewish Committee" im Dezember 1999 jedoch eine Liste Hamburger Firmen veröffentlichte, die nachweislich Zwangsarbeiter beschäftigt hatten, fand sich darauf auch die HOCHBAHN. Bei internen Recherchen stieß man in den Geschäftsberichten von 1941 und 1942 auf die Bemerkungen zu ausländischen Arbeitskräften und in den Protokollen der Leitungsbesprechungen vom Sommer 1943 auf das „Franzosen-" und das „Russenlager". Knapp ein Jahr später beteiligte sich die HOCHBAHN genauso

wie die weiteren öffentlichen Unternehmen Hamburgs an dem Entschädigungsfonds der Stiftung in Höhe der von der Stiftungsinitiative der Deutschen Wirtschaft vorgegebenen Umsatzgröße, um damit „ein Zeichen für die moralische Verantwortung der deutschen Wirtschaft insgesamt" zu setzen, wie der Vorstand gegenüber dem Aufsichtsrat und der Stiftungsinitiative erklärte. Überwiesen wurden 512 300 D-Mark.

Bei den internen Recherchen zum 90-jährigen Bestehen der U-Bahn wurde noch einmal deutlich, dass die Archive der HOCHBAHN für die Jahre vor 1945 insgesamt nur fragmentarische Bestände enthielten, die für die gewünschte Einordnung der NS-Zeit in die Unternehmensgeschichte nicht ausreichten. Daher entschloss sich der Vorstand, im Vorfeld des Jubiläums zum 100-jährigen Bestehen 2012 diese Lücke durch einen wissenschaftlichen Forschungsauftrag zu schließen. 2008 erging der Auftrag an die Forschungsstelle für Zeitgeschichte in Hamburg, die Zeit von 1933 bis 1945 bei der HOCHBAHN umfassend aufzuarbeiten.

Bei Kriegsende waren mehr als zwei Drittel der Triebwagen und Waggons entweder total zerstört oder schwer beschädigt. Dennoch wurde der Betrieb auf Teilstrecken schon wenige Tage nach Kriegsende wieder aufgenommen.

Mundsburg

NÄCHSTER HALT

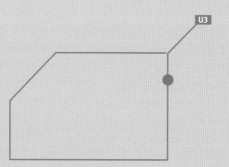

U3

Der traditionelle Massivbau der Haltestelle Mundsburg aus dem Jahr 1912 zählt zu Recht zu den schönsten und am besten erhaltenen Bauwerken der HOCHBAHN. Er stellt ein besonders charakteristisches Beispiel der Reformarchitektur dar und ist das einzige Gebäude des Architektenduos Raabe und Wöhlecke in diesem Stil.

Der unverputzte Backsteinbau mit seinen gliedernden und schmückenden Natursteinelementen und dem roten Walmdach erinnert an typisch norddeutsche Gebäude

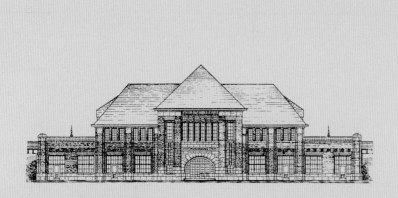

133

Die HOCHBAHN versteht sich bis heute als Unternehmen, das die Stadt nicht nur verkehrstechnisch, sondern auch architektonisch prägen will.

aus der Zeit um 1800 sowie an repräsentative Patrizier- und Herrenhäuser. Durch die monumentalen Portale führt der Weg in die zentrale Eingangshalle. Mit ihrer Kassettendecke und den geschwungenen Treppenantritten nimmt der Bau die barocke Anmutung des Äußeren auf und setzt sie im Inneren fort.

Die Restaurierung des U-Bahnhofs Mundsburg Mitte der 1980er-Jahre gilt als Beispiel für den vorbildlichen Umgang mit denkmalwerten Verkehrsbauten. Der notwendige Kompromiss zwischen historischer Gestalt und neuzeitlichen technischen Anforderungen an ein Verkehrsbauwerk ist derart gelungen, dass die Freie und Hansestadt Hamburg dem U-Bahnhof Mundsburg die „Auszeichnung vorbildlicher Bauten 1989" verlieh, eine Auszeichnung der Stadt Hamburg, die regelmäßig an besondere architektonische Leistungen vergeben wird.

Auf der oberirdischen Strecke zwischen Barmbeck und Uhlandstraße gibt es für Fahrgäste immer wieder Neues zu entdecken.

1945–1955

U-BAHN UND STRASSENBAHN BILDEN IN DEN NACHKRIEGSJAHREN
DAS RÜCKGRAT DES HAMBURGER WIEDERAUFBAUS

AUFERSTEHUNG AUS RUINEN

1945–1955

Das zerbombte Hochbahnhaus bei Kriegsende (links).
Eine „rollende Werkstatt" Anfang 1946 (rechts).

Von ehemals 1,7 Millionen Einwohnern hatten seit Juli 1943 900 000 Hamburger die Stadt verlassen. Die urbane Infrastruktur und der Großteil der Wohn- und Industriegebiete waren zerstört, die Innenstadt, der Hafen, die Stadtgebiete östlich der Alster und weite Teile von Altona schwer beschädigt. Insgesamt blieben nur etwa 20 Prozent der Wohnungen verschont.

Vielfach drängten sich die Menschen in den verbliebenen Wohnungen zusammen. Ein Großteil musste sich in Kellern, Baracken, Lagern, Bunkern und anderen provisorischen Unterkünften ein notdürftiges Quartier errichten. In den letzten Kriegswochen war Hamburg mittels Panzersperren und Schützengräben zu einer „Festung" ausgebaut worden. Die Lage war jedoch aussichtslos, englische Divisionen hatten bei Lauenburg bereits die Elbe überquert und standen schon im Süden der Stadt. Reichsstatthalter Karl Kaufmann und der Hamburger Kampfkommandant Generalmajor Alwin Wolz trafen eine kluge Entscheidung, als sie am 2. Mai die Einstellung der Kampfhandlungen beschlossen und mit den Briten die kampflose Übergabe der Stadt mithilfe der Hamburger Polizei für den nächsten Tag vereinbarten. Dadurch wurde vielen Bürgern das Leben gerettet, und Hamburg blieb ein Schicksal wie Berlin, Breslau oder Bremen erspart, wo in den Straßenschlachten viele sinnlose Opfer zu beklagen waren.

Am 3. Mai 1945 wurde um 18.30 Uhr im nahezu unbeschädigten Hamburger Rathaus die Kapitulationsurkunde unterzeichnet und die Stadt an den britischen General Douglas Spurling übergeben. Für die Hamburger war der Krieg vorbei.

Ab 13 Uhr herrschte Ausgangsverbot, der öffentliche Nahverkehr ruhte. Gegen 18 Uhr marschierten die britischen Truppen in Hamburg ein. Ihre Räumlichkeiten bezogen sie rund um die Alster und im Westen der Stadt. Dafür wurden kurzerhand die meisten Häuser und Villen in dieser Gegend beschlagnahmt. Harvestehude wurde zu einer regelrechten britischen Enklave, ebenso wie das Kontorhausviertel.

Die britische Besatzungsmacht übernahm die militärische Führung der Stadt und erließ unter anderem folgende Anordnungen:

- Ab 13 Uhr besteht Ausgehverbot für die Bevölkerung, mit Ausnahme der Angehörigen der Versorgungsbetriebe (Elektrizitäts-, Gas- und Wasserwerke).
- Die Dauer des Ausgehverbots wird von der Disziplin der Bevölkerung abhängig gemacht.
- Die Verantwortung für die Durchführung dieser Maßnahme wird der Hamburger Polizei übertragen.
- Bei Nichtbefolgung wird außerdem die Besatzungsmacht mit Waffengewalt einschreiten.
- Der gesamte Verkehr wird um 12 Uhr eingestellt.

Die HOCHBAHN musste sich nun auf die völlig veränderten Mobilitätsbedürfnisse in der nahezu vollständig zerstörten Stadt und die Arbeit unter der britischen Militärregierung einstellen. Natürlich verschwanden zuerst die Insignien der Nazidiktatur (wie z. B. das HOCHBAHN-Logo mit Hakenkreuz) aus dem öffentlichen Bild der HOCHBAHN.

Die Straßenbahnen wurden erfolgreich zum Abtransport der Trümmer eingesetzt. Das Beladen der Loren erledigten zumeist „Trümmerfrauen".

Betrieblich stand die HOCHBAHN vor schweren Herausforderungen, denn immer noch fehlte es dem Unternehmen an Personal, Material und an Strom. Mehr als 2000 Betriebsangehörige waren in den ersten Nachkriegsjahren noch in Gefangenschaft. Mit den wenigen übrig gebliebenen Kapazitäten machte man sich dennoch daran, das U-Bahn- und Straßenbahnnetz so rasch wie möglich wieder in Ordnung zu bringen. Die HOCHBAHN reparierte die demolierten Züge, brachte die Gleisanlagen und die elektrischen Anlagen provisorisch in Ordnung und beseitigte den Trümmerschutt von Hamburgs Straßen, Bahnsteigen und Straßenbahntrassen, so gut es eben ging. Für den Abtransport wurden Straßenbahnen eingesetzt. Man war froh über jede helfende Hand. Dennoch wurde durch die vollständige Entnazifizierung der Belegschaft die Mitarbeiterstruktur stark verändert und ausgedünnt. Der im April 1933 „vorübergehend beurlaubte" Generaldirektor der HOCHBAHN, Wilhelm Stein, kehrte mit 75 Jahren auf seinen Posten zurück, nachdem seinem Amtsvorgänger Friedrich Stanik sowie den Herren Prüß und Hertler fristlos gekündigt worden war. Der übrige Vorstand wurde ebenso mit Ausnahme von Friedrich Lademann durch „unbelastete Personen" ersetzt, wie beispielsweise Dr. Wilhelm Mattersdorff, der ebenfalls 1933 „beurlaubt" worden war. Ebenso gab es Umbesetzungen im Aufsichtsrat sowie in der Verwaltung: So wurde der Personalchef Knebel entlassen, wie überhaupt alle, die nach dem 1. April 1933 in die NSDAP eingetreten waren. Letztlich verloren 553 Mitarbeiter (etwa acht Prozent der Gesamtbelegschaft) ihren Job.

EIN KRAFTAKT FOLGT DEM NÄCHSTEN

Aus heutiger Sicht ist es schwer zu glauben, doch bereits am 8. Mai 1945 – dem Tag der deutschen Kapitulation – fuhren wieder die ersten U-Bahn-Züge, und zwar täglich von 6 bis 22 Uhr, meist im 15-Minuten-Takt, gelegentlich jedoch auch unregelmäßig. Die Züge waren stets überfüllt, und der erste Wagen war den Engländern vorbehalten. Die Station Ostmarkstraße erhielt in diesen Tagen wieder ihre ursprüngliche Bezeichnung Hallerstraße.

Insgesamt war das U-Bahn-Netz jedoch nur teilweise auf folgenden Abschnitten funktionsfähig:

- Ring: Barmbeck–Kellinghusenstraße–Schlump–Sternschanze
- Kelljung–Langenhorn: Ochsenzoll–Ohlsdorf–Kellinghusenstraße–Jungfernstieg
- Walddörfer: Ohlstedt–Volksdorf–Barmbeck–Kellinghusenstraße–Jungfernstieg
- Eimsbüttel: Schlump–Osterstraße–Hellkamp (eingleisig)

Auf allen anderen Strecken war noch kein Zugbetrieb möglich, aber die HOCHBAHN arbeitete mit Hochdruck daran. Auch konnten die Züge nicht in den Stationen Sierichstraße, Christuskirche, Habichtstraße und Klein-Borstel halten, da diese erheblich beschädigt waren. Die Walddörferzüge fuhren über Barmbeck (dort kehrend) nach Kellinghusenstraße und weiter nach Jungfernstieg. Am 16. Mai nahmen 14 Straßenbahnlinien

Trümmer, die zum Wiederaufbau nicht verwendet werden
konnten, wurden zum Teil auf Schuten verladen. Viele inner-
städtische Fleete wurden mit diesem Trümmerschutt verfüllt
und sind nur noch als Straßennamen präsent.

Reparaturarbeiten am Berliner Tor
um das Jahr 1948 herum.

den Betrieb wieder auf. Am 30. Mai 1945 wurde die Haltestelle Klein-Borstel wiedereröffnet, und am 13. Juni 1945 erfolgte die Betriebsaufnahme auf dem Großhansdorfer Zweig der Walddörferbahn. So ging es weiter, Stück für Stück, bis die HOCHBAHN Ende 1945 einen auf weiten Strecken wieder recht reibungslosen Verkehr gewährleisten konnte. Von 10 bis 16 Uhr herrschte Betriebsruhe im gesamten Netz. Zwischen St. Pauli und Barmbeck, am Hafenrand sowie in der Innenstadt waren noch nicht alle Schäden beseitigt und die Strecken noch nicht befahrbar. Doch es ging in Siebenmeilenschritten voran. Denn auch den britischen Besatzungstruppen war klar, dass ein funktionierendes öffentliches Nahverkehrssystem für die Wiederherstellung der Normalität und die weitere Entwicklung der Stadt von entscheidender Bedeutung war.

Am 29. Januar 1946 konnte die seit Kriegsende eingleisig betriebene Hellkampstrecke wieder zweigleisig befahren werden. Auch die Station Schlump wurde behelfsmäßig wiederhergerichtet. Nach Behebung der Schäden, vor allem am Viaduktbauwerk, konnte die HOCHBAHN ab dem 11. März 1946 wieder den Hafenrand bedienen. Vor allem die Wiedereröffnung der Strecke von St. Pauli zum Hauptbahnhof trug erheblich zur Normalisierung des Betriebes bei.

Die Hamburger deckten sich in dieser Zeit zunehmend mit Brennholz aus den Walddörfern ein und nutzten für den Transport die U-Bahn. Das ließ die Unternehmensleitung im Sommer 1946 verbieten, da der Holztransport die Sicherheit des Betriebs gefährden könnte.

Eine kleine Rechtschreibkorrektur beschloss der Hamburger Senat am 27. September 1946: Bei Stadtteilen wie etwa Barmbeck und Wandsbeck (die Endung „-beck" stand für Bach) entfiel zukünftig das bislang genutzte Dehnungs-c. Auch die HOCHBAHN tauschte ihre Schilder. Aus „Barmbeck" wurde „Barmbek". An der langen Aussprache „Baambeek" freilich änderte sich dadurch nichts.

Die Kriegsschäden bezifferte die HOCHBAHN im Juli 1945 auf 50 Millionen Reichsmark. Davon waren 10 Millionen Reichsmark erstattet worden. Die zentrale Herausforderung bestand für das Unternehmen damit nach 1945 im Wiederaufbau der Tunnel, Gleise und Werkstätten sowie im Ersatz verbrannten Materials, wobei dies in großem Stil erst nach der Währungsreform im Juni 1948 möglich war. Bis dahin wurde weiterhin improvisiert. So gab es auch im Herbst 1945/46 aufgrund des Kohlenmangels Stromsperren, die den Fahrbetrieb regelmäßig ruhen ließen. Und Uniformen waren knapp: Das Hamburger Wirtschaftsamt vermittelte deshalb im Juni 1946 für die Belegschaft „Wehrmachtskleidung ... unter der Bedingung, daß die Stoffe gefärbt werden". Auch die Schutttransporte – im Jahr 1946 monatlich bis zu 30 000 Tonnen – und die im Krieg eingeführte Güterbeförderung mit der Straßenbahn wurden fortgesetzt. Überschüssiges Kapital, das sich angesichts des Rohstoffmangels für den Wiederaufbau nicht sofort einsetzen ließ, wurde in dieser Zeit unter anderem als Kapitalsicherung in Grundstücke investiert. So kaufte man zum Beispiel noch

Zur Beförderung von Gütern wurde in den ersten
Nachkriegsjahren auch die U-Bahn eingesetzt.

Güter

Nicht stehen bleiben!

Feste Treppe
hinter der
Fahrtreppe.

Tiere tragen

Auch die Hochbahnhäuser im Krohnskamp (Winterhude) waren in den Bombennächten des Krieges schwer getroffen worden.

Ende Juni 1949 von dem prominenten Boxer Max Schmeling sechs teilweise zerstörte Häuser in Winterhude.

Aufgrund des sehr strengen Winters mit Temperaturen bis zu 30 Grad unter dem Gefrierpunkt brach die Energieversorgung in Hamburg Anfang 1947 zeitweise fast komplett zusammen. Durch die fehlende Kohle musste der U-Bahn-Betrieb wiederholt eingestellt werden.

Die Strecke auf dem Ostring wurde mithilfe von Materialien der zerstörten Rothenburgsorter Zweigstrecke wiederhergestellt. An eine Betriebsaufnahme war jedoch wegen des nicht ausreichenden Wagenparks und der vorherrschenden Personalknappheit noch nicht zu denken.

Bis zur Währungsreform 1948 unterschied sich das Fahrerlebnis für die Fahrgäste angesichts der Lücken im Liniennetz, des Mangels an Bahnen und Bussen sowie der Personalknappheit daher kaum von dem der Kriegszeit. Am 19. Januar 1948 erfolgte die Wiederinbetriebnahme der Ringstrecke von Hauptbahnhof bis Berliner Tor. Die Züge fuhren nun von Berliner Tor bis Barmbek über Schlump, allerdings immer noch ohne Halt am Barkhof. Ab dem 14. Juni 1948 konnten Kurzzüge, die zwischen Trabrennbahn und Barmbek fuhren, wieder an der Habichtstraße halten. Barkhof und Christuskirche waren die letzten Stationen, die noch geschlossen waren.

Doch nicht nur im U-Bahn-Netz ging es voran: Zusammen mit den Fahrzeugwerkstätten Falkenried (FFG) legte die HOCHBAHN ein Wiederaufbauprogramm auf. Innerhalb kurzer Zeit wurden 71 beschädigte U-Bahn-Wagen wieder flottge-

macht. Dafür wurden im Krieg zerstörte Wagen ausgeschlachtet und aus den noch verwendbaren Teilen komplett neue Wagen konstruiert, die sogenannten Umbauwagen.

Optisch ähnelten diese Wagen den T-Wagen der 15. Lieferung, wobei jedoch zwei auffällige Unterschiede bestanden: Jetzt hatten die Wagen einfache stählerne Taschenschiebetüren, während die 15. Lieferung Doppelschiebetüren hatte. Und die bisherigen Altbauwagen waren grün-gelb lackiert, wohingegen die „neuen" Wagen einen rot-beigen Anstrich bekommen hatten. Technisch wurde größter Wert auf die Kompatibilität mit den Vorkriegswagen gelegt, mit denen die Serienwagen im Zugverband laufen sollen. Dies war der Beginn der in späteren Jahren so verbreiteten bunten U-Bahn-Züge, die mit ihren verschiedenfarbigen Fahrzeugen das Bild der Hamburger U-Bahn bestimmten.

Mit der veränderten Bevölkerungsstruktur Hamburgs – 1938 wohnten rund 50 Prozent der Hamburger im Umkreis von vier Kilometern um das Stadtzentrum, 1950 waren es nur noch 27 Prozent – verschoben sich auch die Schwerpunkte des Nahverkehrs in die Außenbezirke. So registrierte die HOCHBAHN für 1946 trotz der insgesamt gesunkenen Bevölkerungszahl 670 Millionen Beförderungen – das Doppelte des Jahres 1935. Im August 1947 gab es eine Platzausnutzung von 86,2 Prozent. Der Einzelne könne „nur mit Hilfe örtlicher Verkehrsmittel seinen Pflichten am Volksganzen nachkommen", formulierte Friedrich Lademann, offenbar ohne sich über diese bedenkliche Wortwahl Gedanken zu machen.

1954 lief, wie hier an der Haltestelle Stadtpark,
auch der U-Bahn-Verkehr längst wieder reibungslos.

WIE SOLL DIE STADT AUFGEBAUT WERDEN?

Die Situation erinnerte frappierend an die Zeit nach dem Großen Brand von 1842. Und zum ersten Mal machte man sich
jetzt beim Senat Gedanken zur zukünftigen Gestaltung der
Stadt und ihrer Verkehrsinfrastruktur. Es fanden Architekten-
wettbewerbe statt, die sich sogar mit einer vollkommenen
Umgestaltung der Innenstadt beschäftigten. Dabei ging es
ausschließlich um langfristige Planungen und um die Frage,
wie städtische Großprojekte in das Stadtbild integriert werden können.

Soweit es die HOCHBAHN betraf, wurden die Gutschow-
Pläne von 1938 verworfen. Lieber griff man auf die Pläne aus
der Zeit um 1937 zurück, die überarbeitet werden sollten: Ziel
des Streckenausbaus war die Abschaffung der Zweiglinien
zugunsten von Durchmesserlinien. So wollte man die Eimsbütteler Zweigstrecke unter Einbindung der KellJung-Linie,
die von Ochsenzoll kam, direkt in die Innenstadt weiterfüh-
ren und schließlich in Billstedt enden lassen. Und es war geplant, diese Strecke ab Hauptbahnhof über Wandsbek in die
Walddörfer weiterzuführen. Darüber hinaus war der Bau einer Jungfernstieg-Altona-Linie nach Lurup vorgesehen sowie
der Bau des Alsterhalbrings von Altona nach Borgfelde. Umgesetzt wurde von diesen Plänen in den Folgejahren wenig.
Der Wiederaufbau der Rothenburgsorter Linie war nicht vorgesehen – dort gab es zu diesem Zeitpunkt ja lediglich eine
Trümmerwüste.

Der Hauptbahnhof im Sommer 1949. Das Leben in Hamburg
normalisiert sich langsam wieder.

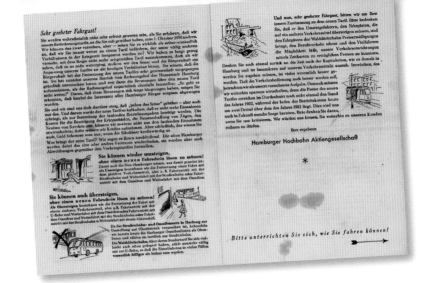

Mit der Tarifreform am 1. Oktober 1950 wurden Zeitkarten deutlich teurer. Die Fahrgastzahlen gingen um elf Prozent zurück – aber die Einnahmen erhöhten sich um rund zehn Millionen Mark.

Die Einführung der Deutschen Mark in den drei Westzonen am 20. Juni 1948 beendete nicht nur die Inflation, sondern bedeutete auch das Ende der Mangel- und Verteilungswirtschaft infolge des Krieges. Mit der neuen Währung setzte auch – beinahe schlagartig – das sogenannte Wirtschaftswunder ein, zu diesem Zeitpunkt zwar noch nicht mess-, aber fühlbar. Die Westdeutschen, die „Eingeborenen von Trizonesien", waren plötzlich wieder von Optimismus erfüllt, denn mit der neuen D-Mark war nun all das möglich, wovon man vor der Währungsreform nur hatte träumen können. Die Industrie warf ihre gehorteten Lagerbestände auf den Markt und kurbelte die Produktion deutlich an. Zwar entfielen nun auch die ausgedehnten Hamster- und Besorgungsfahrten, die die HOCHBAHN an die Grenze ihrer Leistungsfähigkeit gebracht hatten, und die Fahrgastzahlen brachen dramatisch ein. Doch für die HOCHBAHN bedeutete das Ende der Mangelwirtschaft auch, dass sie wieder Material, Energie und Ersatzteile beziehen konnte und ihr Arbeitskräfte in Scharen zuliefen.

Die HOCHBAHN begann ihren kriegsbedingten technischen Rückstand aufzuholen, ergriff einschneidende Rationalisierungsmaßnahmen und erhöhte dadurch ihre Produktivität. Sie legte damit den Grundstein für ein modernes, marktorientiertes Unternehmen.

Daran konnte auch die Tarifreform von 1952 nichts ändern, die einerseits bei der Fahrpreisgestaltung die letzten Überbleibsel des Krieges beseitigte, zugleich aber auch öffentlich stark kritisiert wurde.

Hamburg selbst war zwar nach wie vor zu großen Teilen eine Trümmerlandschaft, in der nur wenige Gebäude wiederaufgebaut oder zumindest bewohnbar hergerichtet worden waren, aber es ging voran.

Auf dem Grindelberg wurde von den Engländern der Bau einer Hochhausanlage begonnen. Und als im Juli 1950 die Strecke Berliner Tor – Barmbek freigegeben wurde, war nicht nur die Ringlinie wieder im Fünf-Minuten-Takt voll befahrbar, sondern auch sichtbar, dass die Stadt Schritt für Schritt zur Normalität zurückkehrte.

Durch den Langenfelder Damm (Eimsbüttel) soll bald die Straßenbahn fahren (links). Am Eppendorfer Marktplatz ist sie schon seit Jahren wieder in Betrieb (unten). Beide Aufnahmen stammen aus dem Jahr 1955.

WANDSBEK - MARKT

NÄCHSTER HALT

Bis zum Bau der U-Bahn-Linie U1 Anfang der 60er-Jahre befand sich auf der historischen Angerfläche zwischen der Wandsbeker Marktstraße und der Schloßstraße der historische Wandsbeker Marktplatz, der nicht nur für Wochenmärkte, sondern auch für Volksfeste und Jahrmärkte genutzt wurde. Für den Bau der U-Bahn wurde der Wochenmarkt verlagert und an der Stelle des alten Marktplatzes die Bus-Umsteigeanlage errichtet.

Die baulichen Erweiterungen der Anlage und der Haltestelle Wandsbek-Markt nach Entwürfen von Grundmann + Hein Architekten verwandelte diesen wichtigen Teil des Wandsbeker Zentrums in einen klassischen öffentlichen Stadtplatz zurück. Die Wege wurden aus unterirdischen Tunnelanlagen wieder an die Oberfläche geholt – dadurch verringerte sich die „Barrierewirkung" der beiden breiten Straßen.

Seit dem Umbau dient die Wandsbeker Bus-Umsteigeanlage nicht mehr allein als Knotenpunkt des Personennahverkehrs, sondern gleichzeitig als attraktive Veranstaltungsfläche für Ausstellungen, Volksfeste und Weihnachtsmärkte.

Ein gläserner Aufzug mit großzügigem Treppenaufgang verbindet den Platz barrierefrei mit der U-Bahn, der Umsteigeanlage und den umliegenden Geschäften. Helle Natursteinplatten und Pflasterbänder verleihen dem Platz sein freundliches Aussehen. Beiderseits der Platzkanten aufgestellte lange und bequeme Holzbänke laden zum Verweilen, Klönen und Sonnenbaden ein. Eingelassene Lichtbänder erleichtern die Orien-

tierung und setzen zugleich gestalterische Akzente.

Die Architektur ist das Ergebnis eines im Jahr 2000 vom Bezirksamt Wandsbek ausgeschriebenen Wettbewerbs, den das Hamburger Architekturbüro Meyer-Fleckenstein gewann. Das am Rande des neuen Platzes erbaute Gebäude öffnet sich mit seiner nach Süden gerichteten Glasfassade vollständig zum Platz. Mit rund sieben Meter Raumhöhe, den auffallenden farbigen Glaslamellen, einer gemütlichen Galerie und der

„höchsten Bar Deutschlands" vermittelt dieses architektonische und gastronomische Highlight großstädtisches Flair im Zentrum Wandsbeks.

Als letzter Baustein im Rahmen der Umgestaltung des Wandsbeker Marktplatzes wurde der Puvogelgarten gegenüber der Christuskirche und des Rathauses Wandsbek angelegt. Die feierliche Einweihung erfolgte am 16. August 2006. Zentrale Attraktion dieses repräsentativ gestalteten Schmuckplatzes ist der wiedererrichtete Puvogelbrunnen,

dessen Realisierung nur durch großzügige private Spendengelder möglich war. Er trägt seinen Namen im Gedenken an Friedrich Puvogel, der zwischen 1873 und 1907 Wandsbeker Bürgermeister war und sich bleibende Verdienste um eine fortschrittliche Wasserversorgung und Elektrifizierung der Stadt Wandsbek erworben hatte.

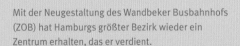

Mit der Neugestaltung des Wandbeker Busbahnhofs (ZOB) hat Hamburgs größter Bezirk wieder ein Zentrum erhalten, das er verdient.

AUF VIELEN U-BAHN-HALTESTELLEN IST „ENTSCHLEUNIGUNG"
MÖGLICH – FÜR DIEJENIGEN, DIE GENAUER HINSEHEN

DIE KUNST DES KURZEN VERWEILENS

1945–1955

Caroline von Grones Wandmosaik findet man in der Haltestelle Steinstraße (U1).

Aufsehen erregte die Installation der Künstler Stephan Huber und Raimund Kummer in einer nie in Betrieb genommenen Tunnelröhre der Linie U2 im Hauptbahnhof Nord.

U-Bahn-Haltestellen sind die Zugänge zur Mobilität. Teils handelt es sich um repräsentative Bauten, die schon von Weitem auffallen, teils sind sie oberirdisch nur an einem schlichten Treppenabgang und dem Schild mit dem weißen U auf blauem Grund erkennbar. In einem aber sind sich alle einig: Wenn der „städtische Untergrund" einen Beitrag zur Orientierung in der Stadt leisten kann, dann sicherlich durch die U-Bahn. Denn die Haltestellen sind auch Anhaltspunkte in Wegbeschreibungen, und der Linienplan ist wie ein verkleinerter und vereinfachter Stadtplan, wenn auch streng linear gestaltet. Trotzdem findet die Fahrt selbst in einer eigenen Welt statt, in der man seinen Standpunkt immer neu erkennen muss.

U-Bahn-Haltestellen sind für gewöhnlich auch Orte der Eile. Es sind Transitbauten, denn man befindet sich schließlich fast immer auf der Durchreise. Einsteigen und losfahren, ankommen und aussteigen. Und das alles möglichst schnell. Darum geht's. Die Stadt schläft nicht, ihr Puls rast – und die HOCHBAHN sorgt (mit) dafür, dass es auch so bleibt.

Doch wer einmal genauer hinschaut, kann in vielen Haltestellen eine Vielzahl künstlerischer Werke entdecken. Und wer will (und die notwendige Muße findet), kann sich etwa einen halben Tag lang auf eine regelrechte kulturelle Entdeckungsreise begeben, deren Etappenziele über alle drei Hamburger U-Bahn-Linien verstreut sind. Diese Kunstschauplätze in den Gängen des HOCHBAHN-Netzes sind als stille Aufforderung an die Fahrgäste zu verstehen, vielleicht doch einmal innezuhalten – um zu „entschleunigen"...

Tatsächlich entfaltet sich in den Haltestellen der drei Hamburger U-Bahn-Linien eine Fülle künstlerischer Bildwelten, die es zu entdecken gilt: von stilisierten Figurengruppen aus dem frühen 20. Jahrhundert bis hin zu einer in Leuchtkästen präsentierten Fotomotivcollage von 2007. Die ab 1906 erbauten und 1912 in Betrieb genommenen Haltestellen der HOCHBAHN fungierten von Anfang an als Schauplätze für künstlerische Projekte. In den einzelnen Epochen wurden sie zunächst als „Kunst am Bau" realisiert und waren Auftragsarbeiten in direkter Anbindung an die jeweilige Architektur, dann jedoch wurden diese Aufträge zunehmend als eigenständige Werke begriffen – unter anderem im Programmrahmen „Kunst im öffentlichen Raum" der Stadt Hamburg.

Die Reise beginnt mit der Haltestelle Steinstraße, die von der Kieler Künstlerin Caroline von Grone malerisch ins Bild gesetzt wurde. Ihre Bilder thematisieren das Flüchtige und Vergängliche des zeitgenössischen Individuums und verleihen ihm einen ästhetischen Sinn. Weiter geht es auf der U1 zur Haltestelle Lohmühlenstraße: Hier offenbart sich an der Wand zwischen den beiden Treppen, die zu den Ausgängen Stiftstraße und Krankenhaus St. Georg führen, ein von Eduard Bargheer 1960 geschaffenes, südlich-heiteres Panorama in vielfältigen, zarten Tönen. Auf den ersten Blick zeigt dieses aus prismatisch-bruchstückhaften Elementen komponierte Wandmosaik eine idyllische Dorflandschaft. Nähert man sich jedoch dem Bild, so verschwimmen seine Konturen und lösen sich in ein abstraktes Zusammenspiel aus Farben und Formen auf.

Kunst am (Haltestellen-)Bau. Figurenensemble des Schweizers Johann Michael Bossard (Kellinghusenstraße, U1 und U3); Bronzefigur des Bildhauers Hans Martin Ruhwoldt (Hagenbecks Tierpark, U2).

Zwei Stationen weiter in nördlicher Richtung gelangt man zur Haltestelle Farmsen. Hier hat der Hamburger Multikünstler Horst Janssen 1962 ein kaum noch bekanntes Betonrelief geschaffen, das im Rahmen eines Wettbewerbs der HOCHBAHN entstanden war. Das vierteilige Relief aus organischen und technoiden Elementen steht auf einer drei Meter hohen Stele und wächst förmlich vom Boden bis unter das Vordach empor, von wo aus es sich weiter in kaum noch sichtbare Gefilde neben den Gleisen der U-Bahn erstreckt. Ein für Janssen typisches Spiel um Offenbarung und Verbergen, von Metamorphosen und innewohnender Dynamik und absolut passend zur Idee der Mobilität.

Die nächste Kunstetappe führt uns zur Kellinghusenstraße (U1 und U3). Am Eingangsportal des Haltestellengebäudes hat der aus der Schweiz stammende Künstler Johann Michael Bossard ein spiegelbildlich angeordnetes Figurenensemble geschaffen, welches allegorisch den Fortschritt und den Aufbruch in die moderne Zeit darstellt – eine Art Hommage an den von der HOCHBAHN im Jahre 1912 eingeführten elektrisch betriebenen Schienenverkehr.

Lag im frühen 20. Jahrhundert der Fokus der künstlerischen Auseinandersetzung mit den Bauten der HOCHBAHN hauptsächlich auf ästhetischen Fragestellungen, so entwickelten sich im Lauf der Zeit immer mehr funktions- oder architekturbestimmte Ansätze, die zu einer zunehmenden künstlerischen Freiheit im Umgang mit den spezifischen Standorten der Haltestellen führte. Von besonderer Intensität sind in dieser Hinsicht

die Ensembles der Künstler Jochen Lempert, Toshiya Kobayashi und Hans Martin Ruwoldt im Eingangsgebäude der U2-Haltestelle Hagenbecks Tierpark, die im Jahre 2007 zum 100-jährigen Bestehen des berühmten Zoos entstanden sind: Auf dem Weg zum Ausgang leuchten einem auf beiden Seitenwänden des Fußgängertunnels bereits die von Licht durchfluteten Bildkästen entgegen. Noch bevor man mit der Installation von Lempert und Kobayashi konfrontiert wird, erhebt sich jedoch ein hohes bronzenes Gebilde, das wie eine Kreuzung aus Vogel, Kobra, Giraffe und menschlicher Gestalt wirkt. Geschaffen wurde die Skulptur 1967 von Hans Martin Ruwoldt, der sich insbesondere als Tierbildhauer einen Namen gemacht hat.

Und Tiere spielen eben auch in den Analogiebildungen des mehrfach ausgezeichneten Hamburger Fotokünstlers und Biologen Jochen Lempert häufig die zentrale Rolle. In seiner aus 24 Dialeuchtkastenmodulen mit schwarz-weißen Fotomotiven bestehenden Hagenbeck-Installation „Die fünf Kontinente" fungieren sie als Repräsentationen selbiger Kontinente (und stehen zugleich für die verschiedenen „großsystematischen" Gruppen der Wirbeltiere und Insekten), wobei Lempert die jeweiligen Tiere in Form ihrer stark vergrößerten Mikromuster darstellt. Zebrastreifen, Pfauenaugen, die Ornamente von Schmetterlingen, Fischen und anderen ausgewählten Tieren der fünf Kontinente verknüpfte der Künstler in patchworkartig komponierten und in wandfüllender Reihung miteinander in Beziehung gesetzten Großbildpuzzles zu neuen „globalen" Makromustern.

Wandmosaik von Rolf Laute
(Niendorf Nord, U2); Leuchtkasten-
Installation von Jochen Lempert
(Hagenbecks Tierpark, U2).

Ausgehend von der zunehmenden Zerstörung der natürlichen Umwelt und der fortschreitenden globalen Erwärmung durch die Auswirkungen unserer Zivilisation hat der in Tokio ansässige japanische Künstler Toshiya Kobayashi seine meditative Arbeit „magnolia – love to nature" geschaffen. In den luftigen Höhen der Eingangshalle anmutige Zeichen setzend, soll sie zum Nachdenken über Wesen und Bedeutung der Natur anregen.

Auf das sequenzielle Prinzip des Films bezieht sich der Hamburger Künstler Rolf Laute in seinem auf den Seitenwänden der Haltestelle Niendorf Nord, dem Endpunkt der Linie U2, verlaufenden mehrteiligen Mosaik, das er in enger Zusammenarbeit mit dem Hamburger Architekten der 1991 eröffneten Haltestelle, Wolfgang Stabenow, entwickelte. Die Bahnsteiggestaltung ist mit ihren weiß gekachelten, von kreisrunden Sitzbänken umringten Säulen einem Birkenwald nachempfunden.

Die letzte Station dieser Reise durch die Kunstlandschaft der HOCHBAHN liegt auf der Linie U2: in der Haltestelle Hauptbahnhof Nord. Dort, auf einem 1968 fertiggestellten, jedoch nie in Betrieb genommenen Nebengleis erstreckt sich die 150 Meter lange Installation „Firmament", die mit ihren gusseisernen Sternen und blauen, gebogenen Glasplatten stark an den Science-Fiction-Klassiker „Alien" erinnert. Die Künstler Stephan Huber und Raimund Kummer verweisen mit ihrem Werk auf den „naturwissenschaftlich entzauberten Himmel" und warnen vor der Zerstörung der Natur.

In diesen Parallelwelten zwischen U-Bahn-Alltag und Kunst, die sich inmitten des geschäftigen Verkehrsflusses öffnen, bietet sich uns die Möglichkeit, aus der Eile des Alltags auszubrechen und genau hinzuschauen, um zu erkennen, welche Abenteuer die Haltestellenkunst in Hamburgs HOCHBAHN-Landschaft für unsere Fantasie bereithält. Ein Moment, der sich lohnt.

Der einst modernste Fernbusbahnhof Europas wurde Anfang der 1950er-Jahre im Stil der heute nostalgisch anmutenden Nierentischära gebaut. Doch mit den gestiegenen Anforderungen im Busverkehr – Nahverkehr plus Fernverkehr – konnte er nicht mehr mithalten.

Gemeinsam mit der damaligen Stadtentwicklungsbehörde führte die Zentral-Omnibus-Bahnhof Hamburg GmbH, die den ZOB seit seiner Erbauung betreibt, im Jahre 1997 einen internationalen Architektenwettbewerb durch, aus dem der Entwurf des Hamburger Büros Redante und Werner als Sieger hervorging. Die Umgestaltung – Bauherr war die stadteigene Sprinkenhof AG – begann im Jahr 2001 und wurde gut zwei Jahre später mit einem Tag der offenen Tür abgeschlossen.

Weithin sichtbares Markenzeichen ist das elf Meter hohe und fast 300 Quadratmeter große Glasdach, das sich sichelförmig über die Anlage spannt. Darunter befinden sich in drei hellen und freundlichen Gebäuden alle Serviceeinrichtungen, die Reisende heute von

Busreisen galten oft als angestaubte Seniorenveranstaltungen von vorgestern. Doch in unseren Krisenzeiten nehmen viele Reisende wieder den Bus – und schonen damit nicht nur ihr Konto, sondern auch das Klima.

einem „Bahnhof" erwarten dürfen. Im Gegensatz zum alten ZOB brauchen die Fahrgäste „ihren Bus" nicht mehr lange zu suchen.

Bereits zu Hause können sie sich im Internet über die Nummer des Bussteiges informieren. Im Reisezentrum weisen zwei Infosäulen mit Touch-Display und eine große Anzeigetafel den Weg. Und schließlich befindet sich auch an jeder Busbucht eine elektronische Anzeige, die nicht nur den nächsten, sondern auch schon den übernächsten Bus anzeigt.

Die Fahrgäste gelangen zu ihrem Bus, ohne eine Fahrbahn überqueren zu müssen. Auch das Gepäck kann auf beiden Seiten des Busses bequem und gefahrlos verladen werden. Modernste Elektronik sorgt für eine sichere und reibungslose Abwicklung: Sobald der Bus die Busbucht verlässt, blinkt hinter ihm eine Reihe von in die Fahrbahn eingelassenen roten Lampen auf und warnt so nachfolgende Busse.

Mehr als 3,2 Millionen Fahrgäste nutzen jährlich den ZOB am Hauptbahnhof.

Von hier aus gibt es direkte Verbindungen zu fast allen europäischen Ländern – bequemes Umsteigen in die Busse und U-Bahn der HOCHBAHN inklusive.

Das Bauwerk wurde vom Architekten- und Ingenieurverein Hamburg zum „Bauwerk des Jahres 2003" gewählt.

Am Bus-Port Hamburg fahren Busse des öffentlichen Nahverkehrs und des Fernverkehrs rund um die Uhr. Die wichtigen Serviceeinrichtungen sind täglich von 5 bis 22 Uhr geöffnet, Mittwochs und Freitags sogar bis 24 Uhr.

Auch für großes Kino gab die HOCHBAHN eine gute Kulisse ab: 1966 wurde im Tunnel bei der Haltestelle Lutterothstraße der fünfte Jerry-Cotton-Film „Um das Leben eines Freundes" gedreht. 1972 nutzte Kirk Douglas die Haltestelle Gänsemarkt als Kulisse für „Der achtbare Mann".

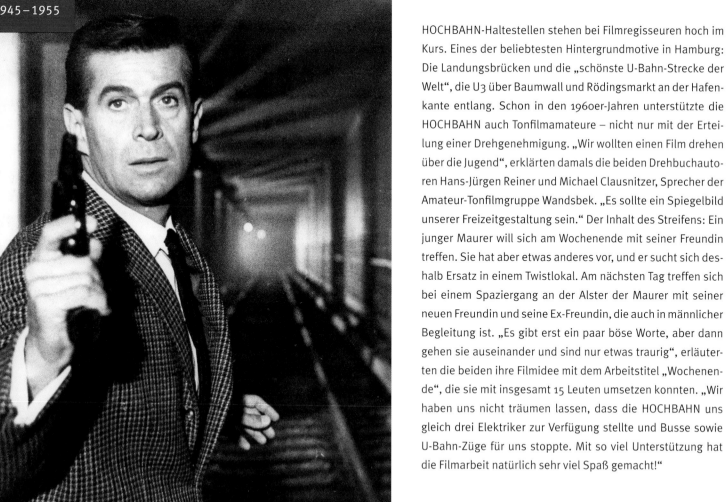

1945–1955

HÄUFIG BEGINNEN UND ENDEN SPANNENDE FILMSEQUENZEN IN DER U-BAHN

»... UND ACTION!«

HOCHBAHN-Haltestellen stehen bei Filmregisseuren hoch im Kurs. Eines der beliebtesten Hintergrundmotive in Hamburg: Die Landungsbrücken und die „schönste U-Bahn-Strecke der Welt", die U3 über Baumwall und Rödingsmarkt an der Hafenkante entlang. Schon in den 1960er-Jahren unterstützte die HOCHBAHN auch Tonfilmamateure – nicht nur mit der Erteilung einer Drehgenehmigung. „Wir wollten einen Film drehen über die Jugend", erklärten damals die beiden Drehbuchautoren Hans-Jürgen Reiner und Michael Clausnitzer, Sprecher der Amateur-Tonfilmgruppe Wandsbek. „Es sollte ein Spiegelbild unserer Freizeitgestaltung sein." Der Inhalt des Streifens: Ein junger Maurer will sich am Wochenende mit seiner Freundin treffen. Sie hat aber etwas anderes vor, und er sucht sich deshalb Ersatz in einem Twistlokal. Am nächsten Tag treffen sich bei einem Spaziergang an der Alster der Maurer mit seiner neuen Freundin und seine Ex-Freundin, die auch in männlicher Begleitung ist. „Es gibt erst ein paar böse Worte, aber dann gehen sie auseinander und sind nur etwas traurig", erläuterten die beiden ihre Filmidee mit dem Arbeitstitel „Wochenende", die sie mit insgesamt 15 Leuten umsetzen konnten. „Wir haben uns nicht träumen lassen, dass die HOCHBAHN uns gleich drei Elektriker zur Verfügung stellte und Busse sowie U-Bahn-Züge für uns stoppte. Mit so viel Unterstützung hat die Filmarbeit natürlich sehr viel Spaß gemacht!"

FÜR EIN PAAR STUNDEN KÖNIGLICHE YACHT

»ALSTER-QUEEN«

„Es war wie im Märchen – nur war alles viel schöner, denn alles war Wirklichkeit." So schwelgte das Hamburger Abendblatt über den 28. Mai 1965, als Königin Elizabeth II. und ihr Gemahl Prinz Philip für zwölf Stunden Hamburg besuchten. 70 000 Menschen auf dem Rathausmarkt jubelten der Monarchin und ihrem Gatten auf dem Rathausbalkon zu. Tausende säumten den Klosterstern, als die Queen im offenen Wagen vorbeifuhr – sogar die Kinder bekamen schulfrei.

20 Termine absolvierten die Majestäten in der Hansestadt. Aus Sicht der HOCHBAHN war einer dieser Pflichttermine ein ganz besonderer: Von Bord des festlich geschmückten Alsterdampfers „Seebek" aus verfolgten Elizabeth und Philip eine Segelregatta auf der Alster. Der Sieger Uli Libor erhielt den „Queen Elizabeth Cup" aus königlicher Hand.

Als die Queen noch am selben Abend mit der königlichen Yacht „Britannia" Hamburg verließ, standen mehr als 200 000 Menschen am Elbufer und winkten ihr zum Abschied zu. Anderntags schwärmte die Londoner „Times": „Einen unvergesslichen Abschied bereitete die Bevölkerung Hamburgs der Königin zum Abschluss ihres Besuchs, den man bereits den Staatsbesuch des Jahrhunderts nennt."

Was die Queen jedoch nicht mehr mitbekam, war, dass ein eher privates Ereignis durch ihren Besuch sich zur hamburgischen Staatsaffäre entwickelte: Denn Grete Nevermann, Ehefrau des damaligen Ersten Bürgermeisters Paul Nevermann, hatte ihre Teilnahme am Staatsbesuch kurzfristig „aus persönlichen Gründen" abgesagt. Das Ehepaar lebte erst seit Kurzem getrennt, Nevermann hatte eine neue Partnerin; und seine (Noch-)Frau wollte nicht aus protokollarischen Gründen die Frau an seiner Seite geben. Ilse Engelhard, die Frau des Zweiten Bürgermeisters Edgar Engelhard, sprang als „First Lady" ein. Paul Nevermann trat ein paar Tage später zurück. Seine Begründung: „Entschlüsse in meinem privaten Lebensbereich haben mich mit meinem Amt in Konflikt gebracht."

Die Mannschaft der „Seebeck" in freudiger Erwartung der englischen Königin.

1955 – 1973

VOM WIRTSCHAFTSWUNDER
ZUM ÖLSCHOCK

WIRTSCHAFTSWUNDERJAHRE

1955–1973

Die gesamtstädtischen Pläne der 1960er-Jahre sahen vor, dass die Besiedlungen in Hamburg sich im Umkreis der Schnellbahnstrecken konzentrieren sollten. Dadurch entschied sich die Hansestadt gegen das Leitbild einer autogerechten Stadt und verlieh den Schnell- und U-Bahnen den Stellenwert eines „Massenverkehrsmittels". Als „Grundgerüst des Stadtaufbaus" kam ihr nun eine „entwicklungssteuernde Funktion" zu. Park+Ride-Anlagen sollten die Autofahrer zum Umsteigen bewegen. Dies kam der HOCHBAHN ebenso zugute wie die Finanzhilfe durch das Gemeindeverkehrsfinanzierungsgesetz (GVFG), die seit 1967 aus einer Erhöhung der Mineralölsteuer vom Bund an den ÖPNV gezahlt wurde und 1971 eine dauerhafte gesetzliche Grundlage erhielt. So konnte das 1955 gestartete riesige Bauprogramm für die U-Bahn mit Strecken nach Wandsbek, Niendorf und Billstedt und zur Verlängerung der Langenhorner Linie von Ochsenzoll nach Garstedt angegangen werden. Weitere Projekte wurden allerdings in der Planungsphase Anfang der 1970er-Jahre aufgrund fehlender Geldmittel beendet. Insgesamt wurde das Streckennetz der U-Bahn auf 89,5 Kilometer aus-

Was aus dem Hamburger Stadtbild und dem Nahverkehr bald verschwinden sollte, waren die Straßenbahn (links) zugunsten von Bussen, Fahrkartenkontrolleure an den Haltestellen (rechts oben) zugunsten von Automaten sowie nach Möglichkeit der private Autoverkehr. Doch weder die Park+Ride-Offensive (wie in Barmbek 1965, rechts unten) noch die enorm gestiegenen Spritpreise heute konnten bisher die Autofahrer zum „totalen Umsteigen" bewegen.

geweitet, und man konnte von einem – wenn auch noch lückenhaften – U-Bahn-Netz sprechen. Vor allem in der Innenstadt konnte die HOCHBAHN durch diese Linienarchitektur nun ihr Platzangebot beträchtlich erhöhen.

ZEIT DER INNOVATIONEN

Insgesamt bedeutete der U-Bahn-Ausbau einen Qualitätssprung für das Hamburger U-Bahn-Netz. 22 neue Haltestellen wurden gebaut und 30 alte Haltestellen modernisiert, Schalterräume und Gewerbeflächen modern ausgestattet und neue Orientierungspläne, Wegweiser und Fahrtrichtungsanzeiger wurden angebracht. In großem Umfang wurden Rolltreppen eingebaut und die verbliebenen Verkaufsschalter sukzessive durch Fahrscheinautomaten ersetzt. Damit entsprach der Hauptteil der Haltestellen den höchsten Anforderungen der Zeit. Zugleich wurde die HOCHBAHN mit einem zunehmenden Problem konfrontiert, das bis in die heutige Zeit hineinreicht: Die Zahl der Schwarzfahrer stieg an. Die HOCHBAHN reagierte mit der Einrichtung des Prüfdienstes, der laufend verstärkt und Jahre später mit der HOCHBAHN-Wache zusammengelegt wurde.

Einen Qualitätssprung bedeutete für die HOCHBAHN auch die Erneuerung und Erweiterung ihres Wagenparks sowie die Modernisierung ihrer Betriebsanlagen. Eine neue U-Bahn-Generation wurde unter der Leitung des technischen Vorstandes Dr. Tappert konstruiert und 1959 in Betrieb ge-

nommen. Der als Einheit gebaute Doppeltriebwagen (DT) erhielt die Typenbezeichnung DT1. Weitere Generationen von Doppeltriebwagen bis hin zum DT5 folgten in den nächsten Jahrzehnten. Diese Fahrzeuge waren leichter, kosteten weniger und boten den Fahrgästen mehr Komfort.

In die Zeit Anfang der 1970er-Jahre fallen auch zahlreiche Innovationen. So wurden im Werkstattbereich Arbeitsmethoden aus der Industrie eingeführt wie beispielsweise die systematische Arbeitsvorbereitung, moderne Planungs-, Steuerungs-und

die Anfangsgeschwindigkeit, das Ausrollen und das Bremsen der Züge optimiert.

Der Busbetrieb expandierte in atemraubendem Tempo und überholte 1966 mit seiner Verkehrsleistung von 37 Prozent die Straßenbahn. Ende 1972 gab es rund 800 Busse, 680 mehr als noch 1950. Diese Entwicklung hat verschiedene Ursachen: Durch die Beendigung des Ausbauprogramms des U-Bahn-Netzes kam dem Bus eine stärkere Zubringerfunktion zu, ebenso wie durch das Aus für die Straßenbahn und ihren Ersatz durch Busse. Der Aufschwung des Busbetriebes führte dazu, dass sich bei der HOCHBAHN ein gleichberechtigtes Nebeneinander von Bus und U-Bahn einstellte und die bis dahin herrschende „Schienenmentalität" ablöste. Die HOCHBAHN erkannte das im Busbereich liegende und rasch weiter wachsende Marktpotenzial und verstärkte den Ausbau zu einem integrierten System mit marktorientierten Produkten. So richtete die HOCHBAHN 1960 Eilbuslinien ein, die insbesondere die neuen Wohnsiedlungen in den Außengebieten mit der nächsten Schnellbahnhaltestelle verbanden. 1965 folgte die Einrichtung zahlreicher Werksverkehrslinien zu Hamburger Großbetrieben sowie der Nachtlinien.

Unter der Leitung von Dr. F. Pampel schrieb sich die HOCHBAHN die Schaffung eines verbesserten Bussystems auf die Fahnen und erarbeitete ein Konzept zur „Förderung und Verbesserung des Betriebsablaufs im Omnibusnetz Hamburg". Dieses umfasste rund 300 Vorschläge wie beispielsweise die Schaffung von Bussonderspuren, die Bevorrechtigung durch

Kontrollmethoden sowie das Akkordsystem. Dadurch erzielte man hohe Rationalisierungseffekte. Desweiteren konnten aus dem Mitte der 1970er-Jahre gestarteten Forschungsprojekt „Prozessrechnergesteuertes-U-Bahn-Automatisierungssystem Hamburg (PUSH)" Ende der 1980er-Jahre wesentliche Erkenntnisse zur Automatisierung des U-Bahn-Betriebs umgesetzt werden, wodurch eine Flexibilisierung des Betriebs erreicht und dadurch erhebliche Kosten gespart werden konnten. So wurde das „Fahren auf elektronische Sicht" computergesteuert, und die Abstände zwischen den Zügen wurden automatisch gemessen und festgelegt. Zudem wurden

Bereits 1966 übertraf die Verkehrsleistung der Busse – trotz der Zunahme der innerstädtischen Staus – die der Straßenbahn. Die Automatisierung schritt ebenfalls zügig voran, nicht nur was die Fahrkartenausgabe betraf ...

Der einstige Straßenbahnbetriebshof Mesterkamp (Barmbek)
ist heute einer von fünf Busbetriebshöfen der HOCHBAHN.
Heute arbeiten die meisten Beschäftigten bei der HOCHBAHN
im Busbetrieb. Rund 1800 Busfahrer, davon rund 200 Frauen,
sind täglich rund um die Uhr auf dem dichten Busnetz zwischen
den rund 1200 Haltestellen im Einsatz.

Lichtsignalanlagen, die Einführung eines automatischen Betriebsleitsystems für Schnellbusse und die Optimierung der Fahr- und Dienstplangestaltung. Zudem erhielten die Busse 1967 einen neu gebauten Betriebshof an der Weidestraße.

Aber auch in der Fahrzeugtechnik kam es zu wichtigen Neuerungen. Bereits 1960 fuhren „Einmannbusse" ohne zusätzliche Kassierer. 1968 wurde der wirtschaftlichere, wartungsärmere und mit hohem Fahrgastkomfort ausgestattete „Standard-Linienbus" eingeführt.

Erstmals sicherte sich die HOCHBAHN Beteiligungen an anderen hamburgischen Busunternehmen, wie beispielsweise 1959 an der Friedrich Jasper Rund- und Gesellschaftsfahrten GmbH, 1968 an der Travers Omnibusgesellschaft (TOG) oder 1971 an der Pinneberger Verkehrsgesellschaft (PVG). Und Mitte der 1970er-Jahre übernahm die HOCHBAHN auch noch die Busverkehre der Deutschen Bundesbahn im Süderelberaum. Zudem hatte sie 1967 eine Tochtergesellschaft zur Vermietung von HOCHBAHN-eigenen Bussen gegründet.

Zur Unterhaltung und Instandhaltung ihrer Busse machte die HOCHBAHN 1968 die Hauptwerkstatt in Falkenried zur FFG Fahrzeugwerkstätten Falkenried GmbH. Unter deren Geschäftsführer W.O.W. (Otto Wilhelm Oswald) Schultz wurde diese Gesellschaft zur Ideenschmiede für Fahrzeugtechnik und betrieb in Kooperation mit dem Verband öffentlicher Verkehrsbetriebe die Entwicklung der Standardbusse für den ÖPNV.

Als Max Mroß (seit 1965 Vorstandsvorsitzender) 1971 in den Ruhestand trat, schrieb die HOCHBAHN noch schwarze Zahlen. Das baldige Abgleiten in rote Zahlen zeichnete sich jedoch schon deutlich ab.

DER ÖLSCHOCK

1973 war es dann so weit, die Hansestadt musste das Defizit mit 23 Millionen DM ausgleichen. Zwanzig Jahre später betrug es bereits 329 Millionen DM. Die HOCHBAHN wurde für viele Jahre zu einem der größten und expansivsten Subventionsempfänger der Hansestadt. Diese machte ihren Einfluss immer stärker geltend, bis das Fiasko Ende der 1980er-Jahre nur noch durch eine schmerzhafte Sanierung der HOCHBAHN abgewendet werden konnte.

Doch wie konnte es dazu kommen? Das Ende des Wirtschaftswunders und die erste Ölkrise, die sich 1974 zu einer Weltwirtschaftskrise ausdehnte, verschärften die generell vorhandenen strukturellen Probleme der öffentlichen Nahverkehrsunternehmen. Auch bei der HOCHBAHN öffnete sich die Schere zwischen Aufwendungen und Erträgen immer weiter. Das Unternehmen reagierte zwar mit einschneidenden Rationalisierungsmaßnahmen, Produktanpassungen und Preiserhöhungen. Anfang der 1970er-Jahre erreichte jedoch die Krise ihren Höhepunkt. Die Personal- und Sozialkosten hatten sich von Mitte der 1960er-Jahre bis 1973 verdoppelt. Zu verkraften waren jährlich zweistellige Lohnzuwächse, die Verlängerung des Jahresurlaubs und der Übergang zur 40-Stunden-Woche (eine Reduzierung von etwa 10 Prozent). Die politische

1992 wurde im Zuge der steigenden Kriminalität auf Haltestellen die Hamburger U-Bahn-Wache (HUW) gegründet. Das hundertprozentige Tochterunternehmen der HOCHBAHN entwickelt ihr Sicherheitskonzept in enger Abstimmung mit der Hamburger Polizei und der Feuerwehr kontinuierlich weiter.

Reglementierung der Fahrpreise kam noch als großes Handicap hinzu. Trotz ständiger Kostensteigerungen konnte sich die Bürgerschaft nicht zu Tariferhöhungen durchringen. 1971 bekräftigten Senat und Bürgerschaft zum letzten Mal das Prinzip der kostendeckenden Tarife im ÖPNV und stimmten einer Erhöhung um 20 Prozent zu. Dies reichte jedoch bei Weitem nicht zur Kostendeckung, und so war eine weitere Erhöhung 1972 geplant. Diese wurde jedoch nicht realisiert, da man eine gewaltige Protestwelle in der Öffentlichkeit fürchtete. Und so verzichteten Senat und Bürgerschaft 1973 auf das seit Anbeginn im hamburgischen ÖPNV geltende Prinzip der kostendeckenden Tarife. Trotz alledem war die HOCHBAHN in dieser Zeit technisch und auch wirtschaftlich immer noch ein Vorzeigeunternehmen mit günstigeren Kostenstrukturen als andere kommunale Verkehrsunternehmen.

Leider sah sich die HOCHBAHN in dieser Zeit jedoch auch mit einem immer virulenter werdenden Problem konfrontiert: Insbesondere außerhalb der Hauptverkehrszeiten nahmen auf einigen Linienabschnitten Belästigungen und Kriminalität erheblich zu. Das Schnellbahnsystem war leider zu einer Nische für die „Problemfälle" der Großstadt geworden. Sachbeschädigungen, Verunreinigungen, Randale und Aggressivität verunsicherten die Fahrgäste. Die HOCHBAHN reagierte schon sehr früh darauf und gründete 1974 eine eigene Ordnungsgruppe zur Überwachung der Züge und Haltestellen der U-Bahn, deren Personal laufend aufgestockt wurde. Dies war die Keimzelle der später so erfolgreichen HOCHBAHN-Wache. Zusätzlich wurden die U-Bahn-Fahrzeuge und die Haltestellen mit einer Reihe sicherheitstechnischer Einrichtungen ausgestattet – unter anderem mit Videokameras und zusätzlichen Notrufeinrichtungen in den Fahrzeugen.

Anfang der 1980er-Jahre liefen der HOCHBAHN die Kosten endgültig aus dem Ruder, und der Vorstand gestand sich seine Ohnmacht bei der wirtschaftlichen Steuerung des Unternehmens ein: Bei der Gestaltung der Fahrpreise und auf der Leistungsseite war man fremdbestimmt, ja selbst bei den Personalkosten war der Spielraum stark eingeschränkt, einzig die Produktivität hatte man noch selbst in der Hand. Hinzu kam aber die ungünstige Konstellation im Vorstand selbst, denn das ohnehin schwache kaufmännische Ressort wurde durch eine weitere Verstärkung des technischen Ressorts noch mehr geschwächt.

1976 trat Dr. Hans Tappert als Sprecher des Vorstands ab. Es folgte eine unglückliche Umorganisation: Die Ressorts Technik und Betrieb wurden aufgespalten, und es entstanden große Mängel in den formalen Organisations- und Zuständigkeitsregelungen, die durch das unterschiedliche Aufgabenverständnis der beiden technischen Vorstandsmitglieder Dr. F. Pampel und Hans-Hermann Meyer noch verschärft wurden. In der Folge schotteten sich die beiden Ressorts immer mehr voneinander ab. In diesem schwierigen Klima mit wechselnden Allianzen und der Übermacht der Ingenieure gegenüber den Kaufleuten musste die HOCHBAHN fast zehn Jahre lang, bis 1986 arbeiten.

ENDE DER 1960ER-JAHRE ENTWICKELTE DIE HOCHBAHN

EIN GANZ BESONDERES »JOINT VENTURE« ...

DIE »BELGRAD-CONNECTION«

1955–1973

Die ersten „Gastarbeiter" aus Jugoslawien fingen 1969 bei der HOCHBAHN an.

Es war Wirtschaftswunderzeit. Die rasante Entwicklung in der Bundesrepublik Deutschland war voll im Gange und machte auch vor der HOCHBAHN nicht halt. Bis 1961 waren das Bus-Streckennetz und die Busflotte auf 410 Kilometer und 447 Fahrzeuge angewachsen. Die Fahrgastzahlen stiegen und stiegen, während qualifiziertes Personal, vor allem Fahrer, immer schwerer zu bekommen war. Und so beschloss die HOCHBAHN, neue Mitarbeiter in Jugoslawien (vor allem für den Fahrbetrieb) anzuwerben.

Mit ihnen hatte die HOCHBAHN eine gute Wahl getroffen, denn sie galten als „grundgebildet, strebsam und aufgeschlossen". Das eigens entwickelte Auswahl- und Ausbildungsverfahren fand sogar zum Teil vor Ort in Belgrad statt. Vorgesehen war, dass die Jugoslawen zwei oder drei, maximal fünf Jahre in Deutschland arbeiten sollten, um sich anschließend in ihrer Heimat eine Existenz aufbauen zu können. Die Straßenverkehrsordnung, Fahrschulunterlagen sowie Prüfungsbögen mussten natürlich erst einmal übersetzt werden. Dabei halfen sprachkundige Hochbahner jugoslawischer Herkunft.

Aber nicht alle späteren Mitarbeiter aus Jugoslawien wurden direkt von der HOCHBAHN angeworben. Vielmehr begann auch das Arbeitsamt in Belgrad, Interessenten nach Deutschland zu vermitteln. Als beispielsweise Miljan Gradincevic gefragt wurde, ob er im Ausland arbeiten wolle, antwortete er eher aus Spaß: „Ja, wenn ich dort Bus fahren kann!" Kurze Zeit später saß er bereits auf dem „Bock" eines HOCHBAHN-Busses.

Die neuen Mitarbeiterinnen und Mitarbeiter vom Balkan sollten zwei bis maximal fünf Jahre in Deutschland arbeiten. Aber die meisten blieben.

Dragan Milovanovic war einer der ersten Busfahrer, der über die „Belgrad-Connection" nach Hamburg gelotst wurde. Zu Beginn der Ausbildung beschäftigte die HOCHBAHN selbstverständlich auch Dolmetscher (rechts).

Die Personalabteilung erfasste die Daten der Neuankömmlinge, stellte Arbeits- und Aufenthaltserlaubnisse und die Personalakten aus. Vor Arbeitsantritt wurden sie, wie allen neuen Mitarbeiter, zum Arzt geschickt, damit ihre Straßenbahn- und Bustauglichkeit festgestellt werden konnte. Dann begann für die Fahreranwärter der Ernst des Arbeitslebens. Am Anfang standen die Schulungen. Erst nach der Fahrprüfung avancierten sie offiziell zu Bus- oder Straßenbahnfahrern. Zur zweimonatigen Ausbildungszeit gehörten auch Sprachunterricht und Streckenkunde. Nach einer Zwischenprüfung kamen die Fahreranwärter auf den Betriebshof. Dort wurden sie auf ihre Touren zwei bis drei Wochen lang vorbereitet. Dann begann für sie der eigentliche Dienst.

Und so wurden von 1969 bis 1974 mehr als 500 Mitarbeiter aus Jugoslawien ausgebildet.

Anfangs fiel es den neuen jugoslawischen Mitarbeitern natürlich nicht leicht, sich auf Deutsch zu verständigen. Die deutschen Mitarbeiter wiederum hatten ihre Schwierigkeiten mit den für sie ungewohnten und fremd klingenden Namen.

Auch das Ehepaar Zivkovic aus Serbien hatte 1971 gehört, dass die HOCHBAHN händeringend Arbeitskräfte suchte. Die Zivkovics arbeiteten damals bereits seit einem guten Jahr in einer Fabrik in Memmingen; dort fühlten sich jedoch nicht akzeptiert. So kamen sie nach Hamburg, wo die HOCHBAHN-Familie sie aufnahm und voll integrierte. Zivkovic war der erste ausländische Betriebsrat auf seinem Betriebshof – und auch sein Sohn Dejan fährt heute Bus.

Ab 1975 wurden Mitarbeiter auch aus anderen Ländern eingestellt. Die HOCHBAHN setzte nun aber Deutschkenntnisse und einen Führerschein voraus. In jenem Jahr führte die HOCHBAHN auch erstmals berufsqualifizierende Kurse durch, um den Fahrern Entwicklungsmöglichkeiten zu bieten: Die angelernten Kraftfahrer wurden zu Berufskraftfahrern umgeschult.

In der Nähe oder auf dem Gelände der Betriebshöfe entstanden zusätzliche Wohnheimplätze und Wohnmöglichkeiten. An der Walddörfer- und Kedenburgstraße in Wandsbek sowie in Horn-Geest wurden jeweils 97 Einheiten hochgezogen, hinzu kamen 60 in der Brodersenstraße. Auch die Hanseatische Siedlungs-Gesellschaft (HSG) stellte Wohnungen für Hochbahner bereit. Diese Kapazitäten reichten jedoch bei Weitem nicht aus, und es mussten auch Wohnungen auf dem freien Markt gesucht werden.

1973 verhängte die Bundesregierung einen Anwerbestopp, um den Zuzug ausländischer Arbeitskräfte zu beenden. Gleichzeitig holten jedoch immer mehr Hochbahner ihre Familie nach Deutschland nach, da sie sich längst nicht mehr als „Gastarbeiter" fühlten. Im Gegenteil: Viele von ihnen entschlossen sich, zu bleiben und auch ihren Lebensabend in dem Land zu verbringen, in dem sie bis ins Rentenalter gearbeitet hatten. „Wir sind und bleiben Hochbahner", sagt Miljan Gradincevic nicht ohne Stolz. Wie er verbringen viele Hochbahner mit Migrationshintergrund ein paar Monate des Jahres in ihrer alten Heimat – und kommen doch immer wieder in die Hansestadt zurück.

Ausländerfeindlichkeit stellte nie ein Problem bei der HOCHBAHN dar: Hier herrschte schon damals eine nahezu familiäre Atmosphäre, in der sich die Mitarbeiter auch nach Feierabend häufig noch ein bisschen auf dem Betriebshof aufhalten, um sich in lockerer Runde zu unterhalten. Allein auf dem Betriebshof Langenfelde arbeiten heute rund 460 Fahrerinnen und Fahrer, unter ihnen sogar ganze Familien ehemaliger Gastarbeiter, Ehefrauen, Kinder, Schwager, Cousinen und Cousins.

Mit der Anwerbung und Einstellung jugoslawischer Gastarbeiter legte die HOCHBAHN den Grundstein für einen multikulturellen Personalbestand, der mittlerweile Mitarbeiter aus mehr als 40 Ländern umfasst. Die Aussage „Wir sind Hochbahner" steht dabei symbolisch für das Zusammengehörigkeitsgefühl, das auch durch schwierige Zeiten wie Personalengpässe, Tarifverhandlungen und Umstrukturierungen Bestand hatte und wohl auch in Zukunft fortbestehen wird. Über alle Unterschiede in den Kulturen und über Nationalitäten hinweg pflegen die Hochbahner untereinander einen respektvollen und kollegialen Umgang, der auch in der Freundlichkeit gegenüber den Fahrgästen zum Ausdruck kommt.

Denn das, was die HOCHBAHN ausmacht, sind ihre Mitarbeiter, die das positive Image ihres Unternehmens gemeinsam geschaffen haben.

Ihre Namen kennen nur wenige, doch ihre Stimmen hat fast jeder Hamburger schon einmal gehört. Dennis Ross spricht unter anderem die Alkoholverbotsansage, die in den U-Bahn-Haltestellen abgespielt wird. Bei der HOCHBAHN fungiert er als Mann für Ansagetexte, zum Beispiel für Baustellen, gesperrte Strecken und Umleitungen.

Die U-Bahn-Haltestellen kündigt in den Hamburger Zügen Marilyn Monroe an, besser gesagt ihre deutsche Synchronstimme. Dabei kommt Ingrid Metz-Neun gar nicht aus Hamburg, sondern aus Offenbach. Wie man die Haltestellen „Kiekut" und „Barmbek" ausspricht, mussten ihr die HOCHBAHN-Mitarbeiter erst erklären ...

Dennis Ross kennt dagegen alle Haltestellen auswendig. Er hat zwei Jahre lang als Zugfahrer gearbeitet, bevor er ins Marketing der HOCHBAHN wechselte. Und jetzt würde er am liebsten Ingrid Metz-Neun beerben. Denn sie geht bereits auf die jungen 70 zu. Niemand weiß, wie lange sie noch als Sprecherin arbeiten wird – und U-Bahn-Ansagen müssen oft aktualisiert werden. Sprecher ist der 38-Jährige übrigens durch Zufall geworden: Vor der WM 2006 suchte die HOCHBAHN jemanden, der die Haltestellen auch auf Englisch ansagen kann. Und Ross spricht die Sprache perfekt, sein Vater ist Brite. Seitdem nennen ihn seine Kollegen nur noch: The Voice.

INGRID METZ-NEUN & DENNIS ROSS

DER ZENTRALE BUS-BETRIEBSHOF LANGENFELDE DER HOCHBAHN
WURDE 1925 ALS STRASSENBAHNBETRIEBSHOF EINGEWEIHT

FULL SERVICE RUND UM DIE UHR

1955–1973

Ab 1964 wurden auch die Busse der HOCHBAHN auf dem Langenfelder Betriebshof gewartet, gewaschen und natürlich auch repariert. 2014 soll der Neubau des Betriebshofes fertiggestellt sein.

Aus den Anfängen des Busverkehrs gibt es – im Gegensatz zur U-Bahn und Straßenbahn – recht wenige Aufzeichnungen. Dennoch wissen wir heute, dass die Anfänge des Buslinienverkehrs eher holprig waren; und das im wahrsten Sinne des Wortes. Ab dem 5. Dezember 1921 richtete die HOCHBAHN probeweise eine Buslinie ein. Einen regulären Fahrplan gab es nicht. Die Strecke führte vom Schlump zur Haltestelle Landwehr. Man wollte erst einmal ausloten, ob für die Bevölkerung überhaupt ein Bedarf bestand und ob sich Buslinien auch rechnen würden. Doch bereits auf der Jungfernfahrt blieb der Bus mit leerem Tank liegen, denn mit einem derart hohen Kraftstoffverbrauch – rund 40 Liter auf 100 Kilometer – hatte man nicht gerechnet. Dabei erreichte dieser Bus auf Vollgummireifen eine Höchstgeschwindigkeit von gerade mal 20 Stundenkilometern ... Der HOCHBAHN war das alles zu unrentabel. So wurde der Busbetrieb 1922 auch schon wieder eingestellt.

Doch bereits ein Jahr später startete die HOCHBAHN einen neuen Versuch mit einer Strecke von Wandsbeck-Markt nach Marienthal. Und obwohl auch diese Linie bereits nach einem halben Jahr aufgrund zu geringer Fahrgastzahlen wieder eingestellt wurde, begann das Unternehmen Busliniendienst nun doch Fahrt aufzunehmen. 1924 wurden drei Linien mit 17 Bussen eingerichtet, 1925 existierten schon fünf Tag- und drei Nachtlinien.

Dabei waren die ersten Omnibusse für die Fahrgäste, Busfahrer und Schaffner äußerst unbequem: Der Busfahrer fuhr mit Rechtslenkung, musste den Motor mit der Kurbel starten und die Signale mit der Ballhupe geben. Eine Heizung gab es nicht. Bei Regen oder Schnee musste die Frontscheibe hochgeklappt werden, damit der Fahrer bessere Sicht hatte, denn Scheibenwischer waren damals noch nicht vorhanden. Unverzichtbar für den Fahrer war ein schwerer Vorschlaghammer, da die Kupplung sehr oft heiß wurde und dann festklebte und erst mit einem kräftigen Schlag wieder gelöst werden konnte. Der Schaffner stand auf einer Plattform hinten auf dem Fahrzeug.

Aufgrund der Umstellung des Straßenbahnbetriebs auf den Omnibusverkehr fuhren in den 60er-Jahren bereits 1050 Busfahrer im Schichtbetrieb 475 Omnibusse. 2012 verfügt die HOCHBAHN über rund 800 Busse, stationiert auf den fünf Busbetriebshöfen Hummelsbüttel, Harburg, Langenfelde, Mesterkamp und Wandsbek.

Mehr als 1700 Fahrerinnen und Fahrer – aus über 40 Nationen übrigens – bringen die Stadtbewohner in Bewegung, denen über 100 Buslinien mit rund 1300 Haltestellen zur Verfügung stehen. Jährlich werden mehr als 200 Millionen Fahrgäste befördert und dabei rund 45 Millionen Straßenkilometer gefahren.

Am Beispiel des Betriebshofes Langenfelde, der in den kommenden Jahren vollkommen neu gestaltet wird, lassen sich die hohen technischen Anforderungen, die durch die moderne Bustechnologie an diese „Servicestation" gestellt werden, gut beschreiben.

Alle Busfahrer müssen eine mehrmonatige Ausbildung in der HOCHBAHN-eigenen Busfahrschule in Hamburg-Langenfelde absolvieren.

Busfahrschüler aus Jugoslawien erhielten zudem Deutschunterricht.

Ursprünglich war der Betriebshof ein Straßenbahndepot. Bis zum Abriss der alten Gebäude und Werkstätten wurden die Busse daher auch noch in der alten Straßenbahnhalle abgestellt.

Doch die Größe und die Technik der (zum Teil Mehrgelenk-)Busse der neuen Generation mit Diesel-Hybrid- oder Wasserstoff-Hybridantrieb (wo Elektromotoren direkt die Räder antreiben) erfordern auch gänzlich neu konzipierte Werkstätten. Denn die größtenteils modular aufgebaute Technik sitzt jetzt nicht mehr unterm Fahrzeug, sondern auf dem Dach – und die dadurch notwendig höher gelegene Arbeitsebene muss daher (beinahe vollständig) die bekannte „Grube" ersetzen.

Als erster der insgesamt fünf Betriebshöfe wird Langenfelde daher „plattgemacht" und bis spätestens Ende 2013 vollständig neu errichtet werden. Dann wird es sechs Reparaturspuren, eine Prüfspur, eine Mulitfunktionshalle für Lack- und Karosseriearbeiten, eine Tankhalle sowie eine vierspurige Waschanlage geben, die alle auch die 25 Meter langen Doppelgelenkbusse aufnehmen können. Der normale Bus ist übrigens „nur" zwölf Meter lang.

Zusammen mit den vier weiteren Betriebshöfen in Wandsbek, Harburg, Barmbek und Hummelsbüttel – wo die Zentralwerkstatt auch nach dem Langenfelder Neubau bestehen bleiben wird – sorgen die Spezialisten der verschiedenen Gewerke dafür, dass ein Bus im Durchschnitt zwölf Jahre lang im Einsatz bleiben kann und in dieser Zeit gut eine Million Kilometer zurücklegt – was in etwa einer 22-maligen Äquatorumrundung entspricht. Doch wie wird man eigentlich Busfahrer?

ABSCHLUSS

Ohne Busse könnten die Schnellbahnen auch heute noch ihre Ressourcen nicht optimal ausnutzen. Der Beruf des Busfahrers beinhaltet daher weit mehr, als „nur" einen Bus möglichst sicher und zügig durch den immer dichter werdenden Stadtverkehr zu lenken. Die „Großstadtkapitäne" übernehmen neben der Personenbeförderung längst auch die Aufgaben eines Schaffners und einer Auskunftsstelle. Sie arbeiten im Schichtdienst, an Wochenenden und an Feiertagen – an 365 Tagen im Jahr.

Die Ausbildung der Hochbahn-Busfahrer erfolgt heute in der Hochbahn-Fahrschule in Langenfelde. Je nach vorhandenem Führerschein können die Anwärter in zwei oder drei Monaten den Führerschein der Klasse D erwerben. In insgesamt 140 Theorie- und bis zu 68 Praxisstunden erlernen sie alle Grundlagen für den heutigen Beruf des Busfahrers. Der theoretische Unterricht beinhaltet unter anderem die Vermittlung des Verkehrsrechts, der Straßenverkehrsordnung und der Vorfahrtsregeln und wird mit einer Theorieprüfung vor dem TÜV abgeschlossen. Parallel werden auch theoretische Grundlagen für die gewerbliche Personenbeförderung im Unterricht vermittelt. Diese müssen seit September 2008 separat vor der Industrie- und Handelskammer (IHK) mit einer zweiten Theo-

rieprüfung abgeschlossen werden. Die praktische Prüfung erfolgt nach zweieinhalb Monaten in der Fahrschule.

Nach den bestandenen Prüfungen gehen die Busfahrer in eine weiterführende, zehntägige innerbetriebliche Ausbildung, die ebenfalls noch in der Fahrschule stattfindet und unter anderem die Einweisung in die Dienstvorschriften, die Unterweisung am Fahrausweisdrucker und in das Abrechnungsverfahren beinhaltet. Erst danach werden die Fahrschüler auf den Betriebshöfen von jeweils einem Lehrfahrer persönlich in alle Betriebsabläufe eingewiesen. Von der Streckenkunde bis zum Schreiben eines Unfallberichts lernen sie innerhalb von zwei bis vier Wochen alles, was sie für ihre tägliche Arbeit als Busfahrer wissen und kennen müssen. Dazu gehören auch die Besonderheiten der über 100 Buslinien in Hamburg sowie der Haltestellen und Knotenpunkte. Denn je nach Betriebshofzugehörigkeit müssen die Mitarbeiter bis zu 50 Linien kennen!

Die betriebseigene Kraftfahrschule gibt es bereits seit dem Jahr 1924. Bis 1970 war sie dem Betriebshof Krohnskamp zugeordnet, erst danach bezog sie ihren heutigen Standort. 1970 zog die Busfahrschule nach Langenfelde um. Acht Fahrschullehrer und drei Fahrmeister bildeten dort bis zu 400 Fahrschüler pro Jahr aus, da ein enormer Mangel an Busfahrern herrschte. Seit 2000 werden monatlich vier bis fünf Schüler an der Betriebsfahrschule Langenfelde zu Busfahrern ausgebildet.

Alle Busfahrer können auch für Nacht- oder die sogenannten geteilten Dienste eingeteilt werden. Dabei leisten sie ihre Arbeitszeit in den Hauptverkehrszeiten morgens und abends, dazwischen liegen dann mehrere Stunden Freizeit. Doch wie man es dreht und wendet: Busfahren ist und bleibt ein harter Job.

Schlump

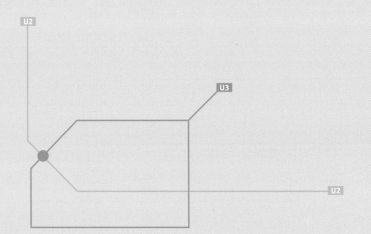

Der gläserne Kubus Haltestelle Schlump bildet einen markanten Blickpunkt an der belebten Straßenkreuzung Schäferkampsallee/ Kleiner Schäferkamp/Beim Schlump.

Wegen der Abzweigung der Eimsbütteler Linie kam der Haltestelle Schlump bereits bei den ersten Planungen des U-Bahn-Rings besondere Bedeutung zu. Eine turmartig überhöhte Eingangshalle erinnerte in bescheideneren Dimensionen an die ebenfalls von Architekt Emil Schaudt entworfene Haltestelle Landungsbrücken.

Doch während der Bombardements im Juli 1943 wurde das Gebäude schwer beschädigt. 1951 konnte mit dem Bahnhofsneubau begonnen werden.

Die Planung für dieses neue Gebäude übernahm der Hamburger Architekt Hans Loop. Ihm gelang mit dem leicht und feingliedrig wirkenden Bau ein hervorragendes Beispiel der Nachkriegsarchitektur der frühen 50er-Jahre.

Zehn Jahre später entschied sich die HOCHBAHN für den Ausbau der Haltestelle zum Kreuzungsbauwerk. Die Eimsbütteler Zweiglinie sollte als durchgehende Strecke in die Innenstadt verlängert werden. Der dafür notwendige Bau einer zweiten Bahnsteigebene unterhalb der Gleise und Bahnsteige der Ringlinie erforderte auch die vollständige Erneuerung des oberirdischen Empfangsgebäudes.

Den Entwurfsauftrag erhielt der Architekt Horst Sandtmann. Als erfahrener U-Bahn-Architekt schuf er gemeinsam mit Horst Glienke und Gerhard Hirschfeld einen sowohl zweckmäßigen als auch ästhetisch anspruchsvollen Haltestellenbau. 1966 begannen die Bauarbeiten, die genau 56 Jahre nach der Eröffnung des ersten Bahnhofs Schlump mit der Einweihung am 26. Mai 1968 endeten. Die gläserne Halle der Haltestelle Schlump steht in einer Reihe mit herausragenden Bauten der Nachkriegszeit in Hamburg (zum Beispiel wie Teile der City Nord), bei denen die Funktion die Form bestimmt und karge Architektur zur Schönheit wird.

In Architektur und Design versteht man unter Funktionalismus das „Zurücktreten rein ästhetischer Gestaltungsprinzipien hinter den die Form bestimmenden Verwendungszweck des Gebäudes oder des Geräts". Der (zeitlos) berühmte Ausspruch des Designers Louis Sullivan „Form follows function" („Die Funktion bestimmt die Form") entspringt so der populären Auffassung, dass sich die zeitgemäße Schönheit der Architektur bereits aus deren Funktionalität ergibt.

1975–2012

NÄCHSTER HALT: ZUKUNFT

AUTOMATISIERUNG, WETTBEWERB, KUNDENFREUNDLICHKEIT:

DIE HOCHBAHN ALS PIONIERUNTERNEHMEN EINES NEUEN ZEITGEISTES

UMDENKEN

1975 – 2012

Für den damaligen HOCHBAHN-Direktor Dr. Hans Tappert und seine Kollegen Hoffstadt und Becker, hier mit Hans Apel, Vorsitzender des Verkehrsausschusses des Bundestages, lag die Zukunft in technischem Fortschritt und Automatisierung.

Technische Zeichnung der Knickwinkel-steuerung eines Schubgelenkbusses.

Der Einsatz neuer Technik und eigener Innovationen bedeutete für den technisch dominierten HOCHBAHN-Vorstand mehr als ein Jahrzehnt lang auch ein Mittel zur Verbesserung der Wirtschaftlichkeit. Die Grundlagen hierfür wurden bereits in den 1970er-Jahren unter Dr. H. Tappert gelegt. Im Busbereich ging es dabei in erster Linie um die Verknüpfung von Fahrzeugen, Fahrwegen, Haltestellen, Betriebssteuerung und Werkstätten zu einem ganzheitlichen Verkehrssystem. Bei der U-Bahn stand vor allem die Automatisierung des Betriebs im Mittelpunkt.

Die Wirtschaftskrise von 1974/75 hatte überalterte Strukturen in zahlreichen Bereichen der deutschen Industrie aufgedeckt, daher beschloss die damalige sozial-liberale Bundesregierung die staatliche Förderung des wirtschaftlichen Strukturwandels. In der Folge erhielt das neue Bundesministerium für Forschung und Technologie über Jahre hinweg großzügige Etatmittel, wovon gut 500 Millionen DM den Forschungen und Entwicklungen im ÖPNV zugutekamen.

Unter der Führung von Dr. F. Pampel wurde die HOCHBAHN zu einem der wichtigsten Auftragnehmer dieses Ministeriums. Die zur Verfügung gestellten Gelder flossen hauptsächlich in die Weiterentwicklung der U-Bahn-Fahrzeuge. So begann für die HOCHBAHN eine bis heute unvergessene „große Zeit" in der Forschung und Entwicklung. Geforscht wurde bei der HOCHBAHN selbst, in der Tochtergesellschaft für Verkehrsberatung und Verkehrsmanagement (Hamburg-Consult) sowie in den Fahrzeugwerkstätten Falkenried. Nahezu

alle zwei Monate berichteten Fachzeitschriften über Innovationen der HOCHBAHN.

DIE AUTOMATISIERUNG BEGINNT

Die HOCHBAHN und ihre Töchter arbeiteten von 1973 bis 1987 zeitweise an bis zu zwanzig Forschungs- und Entwicklungsprojekten gleichzeitig, was Dr. F. Pampel mit den Worten kommentierte: „Es gibt in Deutschland kein Unternehmen im ÖPNV, das sich in diesem Umfang im Forschungsbereich betätigt." Auf der Internationalen Verkehrsausstellung in Hamburg 1979 präsentierte die HOCHBAHN sich stolz als „Forschungslabor des ÖPNV". Neben PUSH, dem „Prozessrechnergesteuerten-U-Bahn-Automatisierungssystem Hamburg" und dem Projekt „Cabinen-Bahn" stellte dabei das der Optimierung von Fahr- und Dienstplänen dienende und von der HOCHBAHN selbst entwickelte Softwarepaket „Hamburger Automatisierungstechniken" (HOT) einen weiteren Glanzpunkt dar. Dr. F. Pampel nahm dies zum Anlass, um dem Aufsichtsrat zu berichten, dass „Mitarbeiter aus dem Großunternehmen oft von dem technischen Stand und der Vielseitigkeit der HOCHBAHN überrascht" seien.

Bereits in den 1960er-Jahren hat die HOCHBAHN auf Initiative von Dr. H. Tappert an der Automatisierung des U-Bahn-Betriebes gearbeitet. 1970 waren die Arbeiten daran zeitweilig unterbrochen worden, aber unter dem inzwischen zum Prokuristen aufgestiegenen A. Mies starteten sie mit

neuem Schwung. Eine Arbeitsgruppe mit dem bezeichnenden Namen „Paternosterbetrieb" schuf die Grundlagen für einen Grundsatzbeschluss, mit dem der Vorstand sein Ziel definierte: den fahrerlosen Betrieb. Damit war der Boden bereitet für den letzten Entwicklungssprung zur Vollautomatisierung der U-Bahn. Das Projekt PUSH wurde 1977 mit großzügigen Fördermitteln vom Bund gestartet. Mithilfe von PUSH konnte der Linienleiter (ein unscheinbares Kabel, das große Ähnlichkeiten mit einem Rasenmäherkabel besaß) die jeweilige Position eines Zuges zentimetergenau bestimmen. Die Ortungssignale des Linienleiters wurden dann über Antennen unterhalb der Fahrzeuge an einen Empfänger im U-Bahn-Zug übermittelt und an die Streckenzentrale weitergeleitet. Dort erfasste ein Streckenprozessrechner die in seinem Zuständigkeitsbereich fahrenden Züge, optimierte individuell die Zugabstände und die Geschwindigkeiten anhand der gespeicherten Strecken- und Fahrplandaten und übermittelte diese an die Fahrzeuge. Anhand dieser Informationen sollten auch die Fahrstraßen entsprechend elektronisch eingestellt werden. Streckensignale waren bei diesem „Fahren auf elektronische Sicht" nicht mehr nötig. Mit dieser Optimierung konnten die Zugabstände auf 90 Sekunden verringert und die Streckenkapazitäten erheblich erhöht werden. Als weiteres Kernelement der Automatisierung neben der Abstandsicherung sollte das Linienzugbeeinflussungssystem (LZB) eingesetzt werden. Dadurch sollten die drei Phasen des „Fahrspiels" (Anfahren, Beginn des Ausrollens und Bremsen) automatisch auf einen optima-

len Energieverbrauch eingestellt werden. Zudem sollte ein Fehlererfassungs- und Registriergerät (BEFUND) im Fahrzeug auftretende Störungen an die Streckenzentrale melden.

Anfang 1985 wurde das Erprobungsprogramm erfolgreich abgeschlossen, nachdem in sieben Jahren rund eine Million Fahrkilometer automatisch zurückgelegt worden waren. Alle Automatisierungskomponenten hatten die umfangreichen Sicherheitsprüfungen mit Bravour bestanden und die uneingeschränkte behördliche Zulassung erhalten. PUSH ließ nicht nur eine erhebliche Leistungsverbesserung erwarten, sondern versprach auch signifikante Kosteneinsparungen.

Für dieses ehrgeizige Projekt wurden 40 hoch qualifizierte Mitarbeiter abgestellt. Zeitweilig arbeiteten sogar um die hundert Ingenieure und Techniker daran. Von den 34 Millionen DM, die das Projekt verschlang, brachte die HOCHBAHN selbst rund 10 Millionen auf.

Doch dann rückte das Thema Sicherheit in der U-Bahn immer mehr in den Blickpunkt der Öffentlichkeit. Die Rede war von „Geisterbahnhöfen" ohne Abfertigungspersonal, und die Akzeptanz in der Öffentlichkeit und in der Politik war damals gering. Und so musste zeitweise der technisch schon vorbereitete und fest eingeplante sukzessive Abzug des Personals von den Haltestellen rückgängig gemacht werden. Zumindest zwei der Elemente des PUSH-Konzeptes, die Strecken- und die Haltestellenautomatisierung, konnten verwirklicht werden. Den Zugfahrern wurde nicht nur die verantwortliche Führung des Fahrzeugs, sondern auch die Abfertigung („Selbst-

Videokameras ersetzten zunehmend das Abfertigungspersonal an den Haltestellen. Dazu mussten kilometerlange Leitungen verlegt werden. Theoretisch wäre es heute sogar möglich, Züge ohne Personal auf die Strecken zu schicken und abzufertigen.

abfertigung") in den Haltestellen überlassen. Aus Rücksicht auf die Automatisierungsängste in der Bevölkerung wurde diese Teilautomatisierung mit der unverfänglichen Bezeichnung „flexible Betriebsweise" versehen. Dadurch konnte die HOCHBAHN um die Jahrtausendwende den zweiten großen Produktivitätssprung in ihrer Geschichte realisieren, der ein entscheidender Beitrag zur Restrukturierung der U-Bahn-Sparte war.

Die Zusammenlegung der in Hamburg weit zerstreuten Betriebs- und Verwaltungseinheiten war in dem 80 Jahre alten Hochbahnhaus in den 1970ern nicht möglich. Seit 1979 plante die HOCHBAHN daher den Bau einer neuen Betriebszentrale. Die neue U-Bahn-Leitstelle sollte aus technischen Gründen zentral im U-Bahn-Netz liegen. Das auf 60 Millionen DM veranschlagte Projekt sah den Bau eines kombinierten Betriebs- und Verwaltungsgebäudes vor, in dem 1200 Beschäftigte ihren Dienst verrichten würden. Die Fertigstellung des ersten Bauabschnittes war schon für 1985 geplant. Die Öffentlichkeit stand dem Bau einer spektakulären Firmenzentrale für ein chronisch defizitäres öffentliches Unternehmen jedoch skeptisch gegenüber. Und so kam es schließlich, dass die HOCHBAHN 1981 die Planungen für den Bau einer neuen Leitzentrale einstellte und sich mit einer Ersatzlösung, dem mittlerweile durch die VOLKSFÜRSORGE aufgegebenen Bürokomplex Steinstraße 27 beschied.

Schon ein Jahr vorher musste die HOCHBAHN ein anderes Großprojekt aufgeben, da sie keine Fördermittel mehr dafür

Mit der C-Bahn sollte die U-Bahn-Strecke von Barmbek nach Bramfeld (über Steilshoop) im wahrsten Sinne des Wortes überbrückt werden. Das Projekt wurde aus Kostengründen eingestellt.

1975–2012

erhielt: die Cabinen-Bahn (C-Bahn). Anfang der Siebziger war die Förderung von zwei Kabinenbahnsystemen geplant worden, wobei eines in Hamburg gebaut und getestet werden sollte. Nachdem die HOCHBAHN ihr ehrgeiziges U-Bahn-Neubauprogramm 1975 aufgeben musste, suchte sie nach Ersatzlösungen für die verbleibenden Lücken im U-Bahn-Netz. Die Cabinen-Bahn sollte in der einen Fahrtrichtung auf einem Fahrbalken acht Meter über der Erde fahren, während für die Gegenrichtung Kabinen als unter dem Fahrbalken aufgehängte Gondeln vorgesehen waren. Geplant war ein Linienbetrieb mit Bedarfshalten, der den Zubringerverkehr zu den Schnellbahnhaltestellen und den Verkehr innerhalb bestimmter Stadtteile übernehmen sollte. Die HOCHBAHN hatte gehofft, dass sie mit der C-Bahn die ursprünglich geplante U-Bahn-Strecke Barmbek–Steilshoop–Bramfeld ersetzen und dadurch zwei Drittel der Investitionskosten einsparen könnte. Sie gründete daher die Hamburger C-Bahn Gesellschaft mbH. Das Projekt sollte 1980 beginnen. Die ursprünglich dafür veranschlagten Investitionskosten von 30 Millionen DM für die geplante 1,6 Kilometer lange Referenzstrecke wurden bald jedoch erheblich überschritten. Hinzu kam, dass die Fördermittel im Ministerium knapp wurden, was den Bund dazu veranlasste, noch im gleichen Jahr aus dem Projekt auszusteigen. Auch der Senat stand dem Projekt skeptisch gegenüber, sodass das Ende der Pläne nicht ungelegen kam. Die Einstellung des C-Bahn-Projektes leitete das Ende der großen Forschungs- und Entwicklungstätigkeiten im deutschen

Die Busleitstelle der HOCHBAHN im Jahre 1983.

ÖPNV ein. Ab 1981 kürzte die neue Bundesregierung die Fördermittel für den ÖPNV und konzentrierte sich auf die allgemeine Grundlagen- und Energieforschung. 1986 fand der Höhenflug der HOCHBAHN in der Forschung und Entwicklung mit der Pensionierung von Dr. F. Pampel ein Ende. Sein ehemaliges Ressort wurde mit dem von H.-H. Meyer wieder zum Vorstandsressort Betrieb und Technik vereinigt. Damit wurde auch signalisiert, dass die HOCHBAHN „künftig auf eigene Forschung weitgehend verzichten und auf geeignete Produkte und Verfahren der herstellenden Industrie zurückgreifen" werde.

Neben den drei mehr oder minder erfolgreichen Großprojekten (PUSH, C-Bahn und Hochbahnhaus) modernisierte die HOCHBAHN in kleineren Projekten kontinuierlich die U-Bahn und baute das Bussystem aus.

Es gab noch zahlreiche überalterte Anlagen, vor allem auf der Ringlinie, sowie erhebliche Unterschiede in den technischen Standards, die sich aus den großen Zeitabständen zwischen dem Bau der einzelnen Strecken ergaben. Manche Zugsicherungsanlagen waren damals schon über fünfzig Jahre alt. Man begann also mit der Modernisierung der Stromversorgungsanlagen, dem Bau von Zentralstellwerken und Streckenzentralen und führte linienweise die „flexible Betriebsweise" ein. Umfassende Modernisierungsarbeiten wurden auch beim Wagenpark vorgenommen. Erhebliche Kosten verschlang die Modernisierung aller 80 Haltestellen in dieser Zeit. Die Grunderneuerung oder der Ersatz zahlreicher damals schon über siebzig Jahre alter Viadukte und Brücken erforderten von der HOCHBAHN weitere Investitionen in Milliardenhöhe.

Parallel beschäftigte sich die HOCHBAHN mit einer ganzen Reihe von Neuentwicklungen wie beispielsweise Versuchen zur schwellenlosen Schienenverlegung, Schalleindämmung durch Schutzmatten unter den Schienen und Drehstrommotoren. Die spektakulärste Neuentwicklung war damals jedoch der Triebwagen DT4, der eine meisterliche Ingenieursleistung der HOCHBAHN unter dem späteren Vorstandsmitglied Holger Albert darstellte. Dieses damals wohl modernste U-Bahn-Fahrzeug vereinigte in sich zahlreiche technische Verbesserungen und wichtige Neuerungen für die Sicherheit der Fahrgäste.

AUF DEM WEG ZUM NATIONAL PLAYER

1996 trat im Zuge der Bahnreform in Deutschland das Regionalisierungsgesetz in Kraft: Die Deutsche Bahn AG verlor ihr Monopol im Schienenpersonennahverkehr (SPNV), aber auch alle anderen Verkehrsunternehmen in Deutschland mussten der Tatsache ins Auge sehen, dass die Vergabe von Verkehrsleistungen künftig im Wettbewerb erfolgen würde. Die HOCHBAHN bewies wieder einmal Pioniergeist und stellte sich als Vorreiter der Branche bereits zu diesem frühen Zeitpunkt gezielt auf den Wandel im Nahverkehrsmarkt ein. Wesentlicher Treiber war der neue Vorstandsvorsitzende

1979 sind die Straßenbahnenschienen aus der Mönckebergstraße
noch nicht herausgerissen – und noch dürfen Autos durch die wichtigste
Hamburger Einkaufsstraße fahren. Heute ist dies nur noch Bussen,
Taxis und dem Lieferverkehr erlaubt.

1975–2012

Zwischen der Strecke und dem DT4 (hier auf der Linie U3 zwischen Rödingsmarkt und Baumwall) liegen gut 80 Jahre Altersunterschied.

Günter Elste. Gleich bei Amtsantritt 1996 richtete er das Unternehmen strategisch neu auf die Erreichung der internationalen Wettbewerbsfähigkeit aus und war der Überzeugung, dass es zudem eine kritische Größe würde überschreiten müssen, um langfristig neben den Global Playern bestehen zu können. Deshalb setzte sich die HOCHBAHN ein ganz neues, ehrgeiziges Ziel: Ein Wachstum durch rentable Expansion außerhalb Hamburgs sollte den Bestand des Unternehmens dauerhaft sichern. Für das mit seiner Heimatstadt eng verbundene Unternehmen und seine Belegschaft war das eine zunächst noch sehr ungewohnte Perspektive. Um die langfristig orientierte Unternehmensstrategie nachvollziehbar zu machen, setzte die HOCHBAHN auf eine aktive Auseinandersetzung nicht nur des Managements, sondern der gesamten Belegschaft mit der Strategie. Zahlreiche Informations- und Diskussionsveranstaltungen für die mehrals 4000 Mitarbeiterinnen und Mitarbeiter sorgten in der Tat für eine breite Akzeptanz – nicht nur für das Engagement außerhalb Hamburgs, sondern auch für den anspruchsvollen und oft schwierigen Weg der Restrukturierung, denn die Wettbewerbsfähigkeit musste natürlich hart erarbeitet werden.

Wenige Jahre später war der Wettbewerb in Deutschland – zunächst im SPNV – bereits Realität, und die HOCHBAHN konnte 1999 den ersten Erfolg in einer europaweiten Ausschreibung verbuchen: Zum Fahrplanwechsel im Dezember 2002 nahm sie mit der NBE nordbahn Eisenbahngesellschaft den Betrieb auf der 45 Kilometer langen Regionalbahnstrecke zwischen

Der langfristige Umstieg auf neue, umweltschonende Antriebstechniken macht auch die grundlegende Modernisierung der Busbetriebshöfe notwendig.

Neumünster und Bad Oldesloe auf. Nach diesem – wenn auch zunächst bescheidenen – Anfang stieg der Marktanteil im deutschen SPNV kontinuierlich. So wies die Bilanz der 2007 gegründeten Tochtergesellschaft BeNEX GmbH für das Jahr 2011 ein Jahresvolumen von knapp 39 Millionen Zugkilometern auf. Damit war ein Marktanteil von sechs Prozent an erbrachten beziehungsweise bereits beauftragten Leistungen erreicht. Die BeNEX befand sich auf Augenhöhe mit Wettbewerbern wie Veolia und Netinera (früher Arriva Deutschland GmbH) und hatte ihre internationale Wettbewerbsfähigkeit mehrfach unter Beweis gestellt.

Der Wettbewerb auf den Verkehrsmärkten in Deutschland hatte deutlich zugenommen. Sich dauerhaft gegenüber den Mitbewerbern durchsetzen kann auch heute nur, wer den bestellenden Aufgabenträgern ein attraktives Verkehrsangebot zu günstigeren Preisen anbietet und realisiert. Besonders im Schienenbereich fällt für einen neuen Betreiber ein erheblicher Investitionsbedarf an, der eine entsprechende Eigenkapitalbasis erfordert. 2007 – mittlerweile erbrachte die HOCHBAHN mit vier Schienen- und drei Busverkehrsunternehmen jährlich rund 20 Millionen Zugkilometer beziehungsweise 18 Millionen „Straßen"-Kilometer – stand die Freie und Hansestadt Hamburg als Eigentümerin der HOCHBAHN aufgrund der angespannten Haushaltslage nicht mehr für eine expansionsbezogene Kapitalerhöhung zur Verfügung. In einer Sondersitzung des Aufsichtsrats Mitte Januar wurde daher entschieden, die Beteiligungen der HOCHBAHN außerhalb Hamburgs in einer Holding zu bündeln und mit einem langfristig orientierten Minderheitsgesellschafter, der die nötige Finanzstärke mitbringen sollte, das Expansionstempo merklich zu erhöhen. Schließlich führten die Beteiligungserträge wie geplant zur Verbesserung des HOCHBAHN-Ergebnisses und damit auch zur Entlastung des Hamburger Haushalts, und die konzerninternen Dienstleistungsbeziehungen sorgten nicht nur für Kostendegressionseffekte, sondern auch für neue Arbeitsplätze bei der HOCHBAHN und damit für Hamburg.

Im Mai 2007 wurde die neue HOCHBAHN-Tochter BeNEX GmbH ins Handelsregister eingetragen, Anfang Juli bezog das Unternehmen eigene Räumlichkeiten in unmittelbarer Nähe zum Hochbahnhaus. Rund ein Dutzend international tätiger Unternehmen bekundeten Interesse, und nach einem mehrmonatigen Teilnahmeverfahren war im August 2007 schließlich der ideale Partner für die HOCHBAHN gefunden – Babcock & Brown Public Partnerships (heute International Public Partnerships). Bereits einen Monat später gab das Bundeskartellamt grünes Licht für deren 49-prozentige Minderheitsbeteiligung an der BeNEX. Die junge Gesellschaft profitierte jetzt nicht mehr nur vom Branchen-Know-how ihrer Muttergesellschaft, sondern konnte auch auf die Expertise eines internationalen Finanzpartners zurückgreifen. Heute vereinigt die BeNEX fünf Schienen- und drei Busverkehre mit Verkehrsleistungen von jährlich 40 Millionen Zugkilometern und mehr als 15 Millionen Kilometern auf der Straße unter ihrem Dach.

Die modernen Betriebszentralen für U-Bahn und Bus wurden auf das Hochbahnhaus draufgesetzt – der Vorstand residiert bei der HOCHBAHN in der ersten Etage.

Viele der alten Stahlkonstruktionen müssen nach 100 Betriebsjahren ersetzt werden.

IM HOCHBAHNHAUS WEHT EIN FRISCHER WIND

Der Weg zur Wettbewerbsfähigkeit mit dem Ziel, das Kerngeschäft mit möglichst vielen Arbeitsplätzen dauerhaft zu erhalten, war lang und steinig. Die unerlässliche Herstellung wirksamer Kostenstrukturverbesserungen verlangte dem Unternehmen eine konsequente Restrukturierung ab. Frühzeitig und einvernehmlich mit der Arbeitnehmerseite war es der HOCHBAHN gelungen, ein wettbewerbsfähiges Personalkostenniveau und konkurrenzfähige Overheadkosten zu erreichen. Nach dem Durchbruch in den Tarifverhandlungen 2002/2003 galt es besonders in der Bussparte, die 1999 wieder zum selbstständigen Vorstandsressort geworden war, im nächsten Schritt Produktivität und Leistungsqualität deutlich zu erhöhen. Die Ausgangsposition war alles andere als ideal, hatte der Busbereich doch in der jüngeren Vergangenheit zwei herbe Rückschläge hinnehmen müssen. Mit der 1996 vom Senat beschlossenen Ausgliederung der 1971 erworbenen Pinneberger Verkehrsgesellschaft mbH (PVG) hatte die HOCHBAHN mit 16 Linien praktisch ein Zehntel ihres Busnetzes und durch einen 1999 vom HVV neu eingeführten Einnahmenschlüssel beträchtliche Fahrgeldanteile verloren. Die Ausrichtung der Busbetriebshöfe zu Profitcentern war ein wichtiger Schritt zu einem höheren Kosten- und Qualitätsbewusstsein.

Die U-Bahn-Sparte, seit 1999 gemeinsam mit der Infrastruktur eigenständiges Vorstandsressort, befand sich ebenfalls auf einem anspruchsvollen Restrukturierungskurs.

V.E.R.A. bohrte die Tunnel der neuen Linie U4, die die HafenCity mit der Haltestelle Jungfernstieg verbindet.

Und auch hier hatten Management und Belegschaft besondere Herausforderungen zu bewältigen: Zahlreiche Brücken, Viadukte und Haltestellen mussten saniert oder sogar erneuert werden, die mittlerweile in die Jahre gekommen DT2-Fahrzeuge drohten zu einer Schwachstelle zu werden, wenn nicht weitreichende Modernisierungsmaßnahmen ergriffen würden, und auch die technische Ausrüstung der U-Bahn-Strecken musste dringend homogenisiert werden, um die Verlässlichkeit des Betriebs auch für die Zukunft zu sichern.

Mit dem Regierungswechsel von 2001 hatte Senator Eugen Wagner seinen Posten als Aufsichtsratsvorsitzender der HOCHBAHN geräumt, die er zehn Jahre entscheidend mitgestaltet hatte. Der neue Senat verkleinerte den Aufsichtsrat, der jetzt stärker durch Vertreter aus der Wirtschaft geprägt sein sollte als durch das Beamtentum, auf 16 Mitglieder. 2003 wurden die Aktien der Minderheitsaktionäre im Rahmen eines Squeeze-outs gegen Barabfindung auf die Mehrheitsaktionärin HGV Hamburger Gesellschaft für Vermögens- und Beteiligungsverwaltung GmbH übertragen, und die HOCHBAHN-Aktien verschwanden von den Kurszetteln der Börse.

Bereits 2003 konnte die HOCHBAHN eine erste positive Bilanz ziehen: Sie besaß wettbewerbsfähige Kostenstrukturen, die Investitionsrückstände waren weitgehend abgebaut, und das Unternehmen war für seine Rolle als National Player gerüstet. Eine neue Unternehmensorganisation hatte zudem eine radikale Verschlankung der Hierarchien mit sich gebracht, was betriebsintern als „Revolution" empfunden wurde.

Zwölf Bereiche bildeten unmittelbar unter der Vorstandsebene die wichtigsten Unternehmensfunktionen ab. Sie besaßen umfassende eigene Kompetenzen und klar definierte Verantwortlichkeiten. Den Bereichsleiterinnen und Bereichsleitern öffnete die neue Organisation breite Gestaltungsspielräume, zwang sie aber auch zur Eigeninitiative und -verantwortung. Mit harten Kosten- und Qualitätszielen für die einzelnen Funktionsbereiche setzte die HOCHBAHN ihren erfolgreich eingeschlagenen Restrukturierungskurs fort. Erfolgsentscheidend war, dass das Engagement der Mitarbeiterinnen und Mitarbeiter trotz zum Teil schmerzhafter Einschnitte und des gestiegenen Kostendrucks unverändert hoch blieb. Die Weiterentwicklung der Unternehmens- und Führungskultur war deshalb ein fester Bestandteil der HOCHBAHN-Strategie. Ein dialogorientiertes Führungsverhalten sollte neben der Steigerung von Produktivität und Effizienz das Kreativitätspotenzial aller Mitarbeiter heben. Und tatsächlich gelang es den Hochbahnern, das Angebot auch im Heimatmarkt Hamburg auszubauen, anspruchsvolle Zukunftsprojekte auf den Weg zu bringen und zugleich den Kostendeckungsgrad kontinuierlich weiter zu verbessern.

Parallel zum strengen Kostenmanagement und spürbaren Produktivitätssteigerungen hatte sich das Unternehmen ein weiteres Ziel auf die Fahnen geschrieben: die verstärkte Kundenorientierung. Vom Kürzel „HHA" war die „neue" HOCHBAHN bereits abgerückt, um ihr deutlich kundennäheres Selbstverständnis zu dokumentieren. Jetzt bildeten ein

professionelles, unternehmensweites Qualitätsmanagement sowie regelmäßige Beschwerde- und Kundenzufriedenheits- analysen die Grundlage für eine gezielte Ausrichtung des Verkehrsangebots an den insbesondere qualitativen Ansprü- chen der Kunden. Das neue Denken bei der HOCHBAHN be- deutete auch einen Neubeginn in der Außendarstellung. Die wichtige Rolle des Unternehmens für die Stadtentwicklung, den Erhalt der Standort- und Lebensqualität, die Bedeutung der HOCHBAHN für den Hamburger Arbeitsmarkt und nicht zuletzt ihr unverzichtbarer Beitrag zum Umwelt- und Klima-

schutz rückten in den Mittelpunkt und zeugten von einem neuen Selbstverständnis. Die Stärkung des Marketings und der Kundenorientierung der Belegschaft bildeten die Basis für kontinuierliche Fahrgastzahlsteigerungen, die ab 2005 besonders deutlich über dem Bundesdurchschnitt lagen. Der frühere „Beförderungsfall" war zum Fahr„gast" im wahrsten Sinne des Wortes avanciert und das Unternehmen zu einem deutschlandweit und sogar international beachteten Vor- bild für die Umwandlung eines kommunalen Betriebes in ein wettbewerbsfähiges Dienstleistungsunternehmen.

Die U4-Baustelle
am Jungfernstieg.

KELLINGHUSEN STRASSE

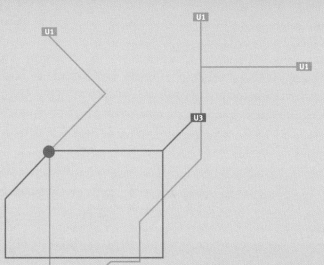

Mit den meisten Haltestellenbauten der Ringlinie blieben die Architekten Raabe und Wöhlecke dem Historismus treu. Beim Bau der Haltestelle Kellinghusenstraße, die den Namen des Hamburger Bürgermeister Heinrich Kellinghusen (1796–1879) erhielt, orientierten sich Raabe und Wöhlecke stilistisch an der wilhelminischen Architektur des Bismarck-Denkmals (von Emil Schaudt).

Neben den Eingangsgebäuden Rödingsmarkt, Dehnhaide und Sierichstraße blieb die U-Bahn-Haltestelle Kellinghusenstraße

In den Jahren 2009 bis 2010 wurden die Bahnsteigdächer der Anlage wegen Baufälligkeit abgerissen und, nun um 25 Meter verlängert, neu errichtet.
Die Bahnsteigbrücke aus dem Jahre 1928 wird anhand von Originalplänen saniert werden.

ihr von außen am besten erhaltener Bahnhofsbau.

Die Architekten Raabe und Wöhlecke entschieden sich für eine Zusammenarbeit mit dem Bildhauer Johann Michael Bossard. Die monumentale Wirkung der Haltestelle Kellinghusenstraße konzentriert sich auf das Portal als architektonischen Schwerpunkt der Fassade. Den Eingang flankieren überlebensgroße Figuren, die auf ihren gebeugten Nacken und Armen die Kapitelle mit dem Portalgebälk tragen. Der Bildhauer Johann

Bossard wollte mit seinen Figuren die Dynamik des modernen Verkehrs und den technischen Fortschritt symbolisieren. Kunst und Architektur sind ornamental und figürlich untrennbar miteinander verbunden. Die Haltestelle Kellinghusenstraße wird derzeit aufwendig zu einer barrierefreien Haltestelle umgebaut.

Die Eingangshalle mit Fahrkartenschaltern im Jahre 1912.

DIE BRÜCKENBAUER

Ausgerechnet im Jubiläumsjahr – vielleicht aber auch gerade im Jubiläumsjahr – erhalten die Winterhuder Brücken auf dem Nordring der U3 eine Verjüngungskur. Da können die Ingenieure der HOCHBAHN einmal mehr beweisen, dass sie dem hohen Termindruck sowie den logistischen und technischen Anforderungen, die sich mit solch umfangreichen Sanierungsarbeiten verbinden, mehr als nur gewachsen sind. Insgesamt sind acht HOCHBAHN-Abteilungen an diesem Projekt beteiligt, 22 Mitglieder gehören zur Projektgruppe. Die Einbeziehung aller Beteiligten ermöglicht eine reibungslose Kommunikation und zugleich, dass so viele Aufgaben wie möglich „in einem Abwasch" gleich mit erledigt werden können.

Im konkreten Fall werden die Brücken über der Saarlandstraße, der Sierichstraße und auf dem Betriebshof Barmbek erneuert sowie die Brücke Dorotheenstraße instand gesetzt. Die beiden Haltestellen Saarland- und Sierichstraße bekommen in der Zeit vom 7. Juni bis zum 28. August zusätzlich zu einer Sanierung neue Lichtanlagen und Kommunikationssysteme. Darüber hinaus wird die Zugsicherungsanlage zwischen den Haltestellen erneuert sowie Weichen- und Gleisbauarbeiten ausgeführt. Für die Fahrgäste heißt das natürlich: U-Bahn-Ersatzverkehr mit Bussen.

Die genieteten Stahlkonstruktionen, die aus der U-Bahn zum Teil eben eine „Hochbahn" machen, besitzen im Schnitt eine Lebenserwartung von rund 100 Jahren. Sie werden je nach Bauart alle vier beziehungsweise sechs Jahre auf ihren Gesamtzustand hin inspiziert, „und dann entscheiden wir jeweils im

Einzelfall, ob eine komplette Erneuerung notwendig ist oder ob eine Instandsetzung ausreicht", sagt Dipl.-Ing. Alf Gauer aus dem Sachgebiet Ingenieurbau. Bei der Brücke Saarlandstraße gab es keine Diskussion: Im Juli 2010 hatte ein Lkw-Fahrer vergessen, den Kran auf der Ladefläche ganz herunterzufahren. Bei dem Unfall gab es glücklicherweise keine Verletzten, aber durch den Aufprall hatte die Stahlkonstruktion sich mächtig verzogen. „Die Brücke muss daher komplett erneuert werden", erzählt Gauer, „wobei wir als augenfällige Veränderung das Mittelviadukt durch Stützen ersetzen werden. Das wirkt transparenter." An den Widerlagern – den Stützwänden, die eine Brücke tragen – werde auch die Betonverschalung aus den 1950er-Jahren verschwinden und das historische Klinkermauerwerk auf beiden Brückenseiten kommt wieder zur Geltung. Denn die „schönste Stadt der Welt" hat schließlich auch die schönsten HOCHBAHN-Brücken der Welt verdient – und selbstverständlich auch die sichersten.

Während die Dorotheenstraßenbrücke lediglich instand gesetzt werden muss – sie erhält einen neuen Anstrich –, kommt bei den übrigen Bauwerken schwerstes Gerät zum Einsatz: ein 1200-Tonnen-Mobilkran, „der größte, der in Europa zur Verfügung steht", sagt Gauer stolz. Denn die neuen Brücken über die Saarlandstraße sind jeweils 43 Meter lang und wiegen rund 100 Tonnen. Die zwei eingleisigen Brücken über die Sierichstraße fallen mit einer Länge von 28 Metern und einem Gewicht von 75 Tonnen eine Nummer kleiner aus, aber spektakulär sind solche Arbeiten in jedem Fall. Und wie bei der Saarlandstraße

wird auch die Überquerung der Sierichstraße „aufgehübscht": Die Stützpfeiler entfallen aufgrund der modernen Brückenkonstruktion, optisch soll es jedoch bei einer historischen Anmutung bleiben. Statt schnödem Spritzbeton werden daher auch hier künftig Klinkersteine die Widerlager zieren.

Doch auch an anderen Stellen steht das Projektteam vor großen logistischen Herausforderungen. Zum einen ist die Abstellanlage Saarlandstraße in die Arbeiten mit einbezogen, sodass die Sperrung der Strecke auch den Alltagsbetrieb der U-Bahn in Mitleidenschaft zieht, denn das Abstellen der Züge und das Rangieren der Arbeitsfahrzeuge muss nun anders organisiert werden. „Wegen des Brückenaushubs arbeiten wir in einem sogenannten gefangenen Bereich: Unser Lagerplatz Saarlandstraße ist von jeglichem Schienenbetrieb abgeschlossen."

Noch komplizierter ist die Situation in der Sierichstraße. „Während wir an der Saarlandstraße auf den Bauhof der HOCHBAHN für die Baustelleneinrichtung zurückgreifen können, haben wir diesen Platz an der Sierichstraße nicht. Hier müssen wir auf knappen Raum in einer teilgesperrten Seitenstraße ausweichen. Außerdem ist die Gegend dicht bewohnt, das müssen wir berücksichtigen", beschreibt Volker Jahnke, Architekt der Abteilung Haltestellenmanagement und Projektleiter für die Haltestellensanierung, die logistische Herausforderung. „In der Haltestelle Saarlandstraße bekommt die Stahlkonstruktion der Dächer einen neuen Korrosionsschutz, und die Dächer werden neu eingedeckt. Wir tauschen die gezie-

gelten Bahnsteigseitenwände mit Stahlbetonfertigteilen aus und erhöhen beide Bahnsteige", so Jahnke. In der Schalterhalle der Sierichstraße werde es neue Wandbeläge, neue Fenster und eine neue Pendeltür geben. Die Baumaßnahmen auf dem Bahnsteig fielen hier aber geringer aus. Für die Arbeiten an den beiden Haltestellen habe das Hamburger Denkmalschutzamt bereits grünes Licht gegeben.

Die dritte U-Bahn-Brücke, die komplett erneuert werden muss, ist für die Öffentlichkeit unsichtbar. Dafür aber werden die notwendigen Arbeiten sehr kompliziert, und das „nur" wegen einer sehr kleinen, eingleisigen Fachwerkbrücke, die intern unter der Bezeichnung A(o88) firmiert. „Die A(o88) ist nur über die Schiene zu erreichen: Keine Straße führt zu ihr, kein Lkw könnte die neuen Teile an ihre Position fahren. Deshalb wird die neue Brücke auf dem Betriebshof Barmbek zusammengebaut und später in einem hochkomplizierten Verfahren über die Gleise verschoben und in Position gebracht", sagt Alf Gauer. Obendrein betreffe die Erneuerung den normalen Betriebsablauf der HOCHBAHN, denn „alle Züge, die in Barmbek gewartet werden, müssen durch das Nadelöhr unter dieser Brücke hindurch." Die Brückenbauer der HOCHBAHN dürfen also zu Recht vermuten, dass es im Jubiläumsjahr ein besonders spannender und arbeitsreicher Sommer wird.

Arbeiten auf der Binnenhafenbrücke, die nach 100 Jahren 2011 ausgetauscht wurde.

WAS FRÜHER DUTZENDE ARBEITER BEI WIND UND WETTER MIT IHRER MUSKELKRAFT ERLEDIGEN MUSSTEN, ÜBERNIMMT HEUTE EINE AUSGEFEILTE MASCHINENTECHNIK

DIE GLEISSTOPF-MASCHINE

Sie ist ein rund 15 Meter langes, gelb lackiertes, laut zischendes Ungetüm und wiegt rund 36 Tonnen. Nicht-Technikern kommt sie sicherlich wie ein ziemlich abenteuerliches Arbeitsgerät vor. Aber selbstfahrende Gleisstopfmaschinen sind extrem wichtig – nicht nur beim Bau neuer Schienenstrecken, sondern auch wenn sich herausstellt, dass der Schotter, in dem die Schwellen der Gleisanlage eingebettet liegen, den Schienen über eine längere Strecke nicht mehr den nötigen Halt gibt. Die Folgen: Die Gleisanlage kann sich verformen, und Einschränkungen in der Nutzung, im Fahrkomfort und bei der Dauerhaftigkeit der Bauteile treten auf. Hat sich das Schotterbett also entfestigt, muss es unbedingt „gestopft werden".

Wo früher große Kolonnen von Gleisarbeitern per Hand mithilfe von Stopfhämmern und Stopfpickeln den Schotter verdichteten, unter die Schwellen verkeilten und ihm so seine Tragfähigkeit zurückgaben, erledigt jetzt eine Gleisstopfmaschine diesen Knochenjob. Während des Stopfvorgangs greifen die Stopfaggregate der Maschine, die an ihrem Hauptrahmen angebracht sind, mit ihren vier bis sechs Armen – Stopfpickel genannt – links und rechts neben der Schwelle in das Schotterbett und verdichten es durch Vibration.

Die Stopfmaschinen der HOCHBAHN schaffen in der Betriebspause zwischen 300 und 500 Meter, im Bereich von Weichen und schwingungsempfindlichen Brücken muss immer noch in altbewährter Sitte von Hand gestopft werden. Darüber hinaus verfügen die Stopfmaschinen über spezielle Richt- und Nivelliereinrichtungen, die das Gleis auch wieder in die richtige Lage bringen, sollte es tatsächlich die Lage verändert haben.

Beim Unterstopfen von Nebengleisen sowie untergeordneten Gleisen tritt häufiger das Phänomen auf, dass einzelne Querschwellen eine Schräglage zu den Schienen aufweisen. Manchmal können die Schienen sich aufgrund von Vibrationen und der „Vermorschung" der Holzschwellen sogar komplett lösen, und ein problemloses Unterstopfen der Gleise ist nicht mehr möglich. Dann kommen weitere Spezialmaschinen zum Einsatz, und die schadhaften Querschwellen werden vor dem Stopfvorgang durch eine spezielle Schwellenwechselmaschine gegen neue ausgetauscht.

Den HOCHBAHN-Ingenieuren, deren Aufgabe es ist, für die Instandhaltung und Sicherheit der Gleise zu sorgen, ist ihr „gelbes Ungeheuer" eine gute, hilfreiche Freundin, auch wenn sie auf den ersten Blick doch komisch anmutet.

Die Sicherheit ihrer Fahrgäste ist für die HOCHBAHN stets oberstes Gebot. Dazu gehört auch die regelmäßige Verdichtung des Gleisbetts.

DIE MOBILITÄTSKULTUR IN DER STADT ÄNDERT SICH!

INTERVIEW

Günter Elste, 63, lebt seit 1956 in Hamburg. Nach dem Abitur studierte Elste von 1969 bis 1974 Wirtschaftswissenschaften mit der Fachrichtung Betriebswirtschaftslehre an der Universität Hamburg. 1975 begann der frischgebackene Diplomkaufmann seine Karriere im Planungsstab der Hamburger Senatskanzlei. 1981 stieg er zum Stabsstellenleiter und kurz danach zum Prokuristen in der Wohnungswirtschaft auf. 1989 übernahm er die Geschäftsführung der Hamburger Gesellschaft für Vermögens- und Beteiligungsmanagement (Holding der Hamburger Staatsunternehmen) und saß damit im Aufsichtsrat der HOCHBAHN. Seit 1996 ist er Vorstandsvorsitzender des landeseigenen Nahverkehrsunternehmens Hamburger Hochbahn AG. Von 1985 bis 1997 war Elste Mitglied der Hamburgischen Bürgerschaft, von 1989 bis 1996 Vorsitzender der sozialdemokratischen Bürgerschaftsfraktion. Elste ist verheiratet und hat zwei erwachsene Töchter.

Wie fahren Sie zur Arbeit?

In der Innenstadt fahre ich häufig mit dem Bus und je nach Zielort auch mit der Bahn. So sieht man natürlich am besten, was im Unternehmen los ist. Wenn ich viele Akten schleppen muss und zum Beispiel raus aufs Betriebsgelände in die Hellbrookstraße oder zu unseren fünf Busbetriebshöfen fahre, nehme ich den Wagen.

Sie stehen seit nunmehr 16 Jahren an der Spitze dieses Unternehmens. Was reizt Sie an diesem Job – was reizt Sie am Unternehmen HOCHBAHN?

Die Hauptaufgabe der HOCHBAHN ist es, dafür zu sorgen, dass es für jedermann ein ordentliches Mobilitätsangebot in dieser Stadt gibt. Darüber hinaus sind wir für das Gemeinwesen unserer Stadt unverzichtbar, weil wir wesentlich zur Erfüllung der ökonomischen, ökologischen und stadtentwicklungspolitischen Aufgaben beitragen. Ohne Busse und Bahnen würde der Wirtschaftsverkehr kaum Platz auf den Straßen finden. Wer mit uns statt mit dem Pkw fährt, reduziert die Schadstoffemissionen und schont die Energieressourcen. Eine gute ÖPNV-Anbindung erhöht die Lebensqualität in den Stadtteilen. Wenn man einen gemeinwesenorientierten Konzern nach privatwirtschaftlichen Grundsätzen führen darf, ist dies eine der schönsten Aufgaben, die einem Manager zuteil werden kann.

Wir leben im Zeitalter der Privatisierung. Die HOCHBAHN befindet sich nach wie vor aber in städtischer Hand ...

Eine Privatisierungswelle im ÖPNV hat es ja nur ziemlich begrenzt gegeben. Anders ist es im regionalen Eisenbahnverkehr. Im ÖPNV findet hingegen mittlerweile eine Rekommunalisierung statt. Der Trend geht also dahin, alles, was für das Funktionieren einer Kommune wichtig ist, lieber in der Hand der Stadt zu behalten ...

Günter Elste, Jahrgang 1949, begann seine berufliche Karriere 1975 im Planungsstab der Hamburger Senatskanzlei. Ab 1981 war er dort Stabsstellenleiter. Nach einem Ausflug in die Wohnungswirtschaft übernahm er die Geschäftsführung der Hamburger Gesellschaft für Beteiligungsverwaltung. Seit 1996 ist er Vorstandsvorsitzender der Hamburger Hochbahn AG. Von September 1985 bis 1997 war Elste Mitglied der Hamburgischen Bürgerschaft, von 1989 bis 1996 Vorsitzender der sozialdemokratischen Bürgerschaftsfraktion.

Liegt das daran, dass die Kommunen gelernt haben, wie man Geld verdient?

Es liegt daran, dass fast alle öffentlichen Unternehmen längst wie privatwirtschaftliche Unternehmungen geführt werden. Der öffentliche Personennahverkehr gehört jedoch zu den wenigen öffentlichen Unternehmensbereichen, wo noch keine kostendeckenden Preise erhoben werden. Wir sind ja einer der letzten Wirtschaftsbereiche, in denen mit staatlich administrierten Preisen gearbeitet wird. Trotzdem ist die HOCHBAHN in Sachen Wirtschaftlichkeit zu einem der maßgeblichen Branchenführer geworden. Unser strammer Restrukturierungsprozess mit wettbewerbsorientiertem Kostenmanagement und gezielter Qualitätsverbesserung zur Fahrgastzahlen- und Erlössteigerung hat den Zuschussbedarf aus öffentlichen Kassen in den vergangenen 16 Jahren von 158,95 Millionen Euro im Jahre 1995 auf inzwischen 67,7 Millionen Euro im Jahr 2011 verringert. Unsere Unternehmensstrategie zielt darauf ab, dass mittel- bis langfristig unsere Kosten durch Fahrgelderlöse und unsere sonstigen Erträgen aus Mieten, Pachten und Werbeflächen gedeckt werden sollen. Der öffentliche Haushalt sollte 2030 möglichst keine Zuschüsse mehr leisten müssen.

Was macht dieses Unternehmen so besonders für Sie?

Die HOCHBAHN ist in einhundert Jahren aus den verschiedensten Bereichen zu einem integrierten Verkehrskonzern zusammengewachsen – mit Bussen, U-Bahnen, Elbfähren, Alsterschiffen sowie ausgegliederten Werkstätten und Dienst-

leistungsgesellschaften. In der Belegschaft gibt es Familien, die seit Generationen für das Unternehmen arbeiten. Die Hochbahnerinnen und Hochbahner identifizieren sich in höchstem Maße mit ihren Aufgaben und ihrem Arbeitgeber. Gerade in den vergangenen zehn Jahren haben wir alle gemeinsam einen tiefgreifenden Wandel in der Unternehmenskultur vollzogen. Dabei ist auch aus dem „Beförderungsfall" der „Kunde" geworden.

Mit anderen Worten: Die Pünktlichkeit ist geblieben, aber die kommt jetzt auch freundlicher daher ...

So lautete der Plan. Als wir 2002 unsere Strategie 2010 entwickelt und vorgestellt haben, sind die 4400 Mitarbeiter der HOCHBAHN jeweils in kleinen Gruppen über einen halben Tag mit ebendieser Strategie vertraut gemacht worden. Inzwischen haben alle Hochbahnerinnen und Hochbahner einen sehr aufrechten Gang, denn sie wissen: Ohne uns läuft das hier in Hamburg nicht. Und auch das ist das Schöne an diesem Unternehmen: Wenn irgendetwas Besonderes geschieht – beispielsweise wenn die „Queen Mary II" einläuft oder wenn Kirchentag ist und wir quasi auf einen Schlag fast eine halbe Million Menschen von A nach B transportieren müssen – dann bringen wir alles, was Räder hat, auf die Straßen und Schienen. Das ist für die Hochbahnerinnen und Hochbahner Ehrensache und Herzensangelegenheit zugleich. Wenn wir gebraucht werden, stehen wir bereit. Da sagt niemand Nein, auch der Betriebsrat nicht. Und so hat sich das Image seit Mitte der 1990er-Jahre kontinuierlich gewandelt – von dem eines behördlich geführten Apparates zu einem modernen Unternehmen mit moderner Technologie und hoher Wirtschaftlichkeit, auf das die Beschäftigten zu Recht stolz sind.

Und der Kunde quittiert das Angebot mit immer steigenden Fahrgastzahlen. Wieso boomt der öffentliche Nahverkehr?
Hamburgs Wirtschaft ist in der zweiten Hälfte des vorigen Jahrzehnts überdurchschnittlich gewachsen. Das bedeutet mehr Beschäftigte, von denen die meisten mit den öffentlichen Verkehrsmitteln zur Arbeit fahren. Hinzu kommen die Fernwanderungsströme, denn die prosperierende Stadt zieht noch mehr Leute an und wächst weiter. Gleichzeitig steigen die Kosten für die private Motorisierung. Entscheidend ist, dass unser Angebot deutlich verbessert wurde. Wir fahren mittlerweile mit dem Metronom nach Celle, Lüneburg, Tostedt oder Cuxhaven. In der U-Bahn wurde wieder der „Ringverkehr" eingeführt und damit deutlich mehr Kapazitäten auf der U2 geschaffen. Im Busbereich haben wir das überaus erfolgreiche Metrobus-System eingeführt, in dem wir im ungünstigsten Fall zwischen 9 und 21 Uhr im Zehn-Minuten-Takt fahren, in der Hauptverkehrszeit sogar im Fünf-Minuten-Takt. Da muss man nicht mal mehr auf den Fahrplan gucken. Wir haben versucht, in jeder Hinsicht attraktiver zu werden, auch indem wir in die Sicherheit und in die Sauberkeit investiert haben. Die hohen Fahrgastzahlenzuwächse werden sich bis Mitte der 20er-Jahre fortsetzen, wenn der Trend zum urbanen Leben anhält und wir das hochwertige ÖPNV-Angebot intelligent mit der komplementären Mobilität verzahnen.

INTERVIEW

Wie wird sich denn der Mobilitätsbedarf entwickeln?
Zunächst einmal wird sich der vorhandene Trend zum urbanen Leben weiter fortsetzen – und zwar mit höheren Ansprüchen an die städtische Lebensqualität. Freiflächen können nicht mehr allein den parkenden Autos vorbehalten sein. Außerdem wird zunehmend die Reduzierung der Schadstoffemissionen und des Lärms eingefordert. Die schon beginnende Bereitschaft, auf das eigene private Auto in der Stadt zu verzichten, wird umso schneller wachsen, wie sich das Gesamtangebot für Mobilität verbessert. Dabei wird es neben Bussen und Bahnen um die komplementäre Mobilität gehen – beispielsweise eigene oder gemietete Fahrräder sowie Kurzzeit- und Wochenend-Mietautos. Viele – insbesondere junge Menschen – sagen schon heute, dass sie ein Auto nur noch gelegentlich brauchen. Statt im Stau zu stehen und langwierig einen Parkplatz zu suchen, bevorzugen die Menschen immer mehr, gerade in der Metropolregion, im Berufsverkehr Busse und Bahnen. Für den Einkauf nutzen sie Kurzzeit-Mietautos, am Wochenende bezahlbare Mietwagen.

Dann wird die HOCHBAHN mittelfristig zum Autovermieter?
Nein. Aber wir werden die Schnittstellen zur komplementären Mobilität organisieren müssen. Unser Stammkunde soll ein Mietfahrrad oder ein Mietauto so bequem wie möglich nutzen können. Das heißt, seine Bestellung muss angenommen, weitergeleitet und die gewünschten zusätzlichen Verkehrsmittel müssen bequem und zuverlässig bereitgestellt werden. Das ist die Herausforderung für die nächsten zehn Jahre: Wir streben an, bis zum Jahr 2020 jede dritte U-Bahn-Haltestelle zu einem Mobilitäts-Service-Zentrum auszubauen, wo genau dieses alles bequem für den Kunden organisiert und abgewickelt wird. Das beinhaltet übrigens auch eine anständige Unterbringungsmöglichkeit für private Fahrräder. Es muss dort Mietfahrräder geben, Elektroautos müssen aufgeladen werden können. Es muss dort reservierte Parkplätze für Car-to-go-Autos geben, und wenn Sie am Wochenende beispielsweise ein Auto benötigen, um an die Ostsee zu fahren, dann muss dieses Auto dort stehen, wenn Sie mit der U-Bahn ankommen. Die Aufgabe der HOCHBAHN wird es dabei sein, die Schnittstellen zwischen dem Kern der Mobilität, dem ÖPNV, und der komplementären Mobilität zu optimieren.

Der Aspekt des Klimaschutzes spielt dabei doch sicherlich auch eine Rolle?

Natürlich. Wer den öffentlichen Nahverkehr nutzt – das jetzt mal als Faustformel –, verbraucht nur ungefähr ein Drittel der Energie und emittiert auch nur rund ein Drittel der Schadstoffe, als wenn er einen durchschnittlichen Pkw nutzt. Darüber hinaus werden Benzin und Diesel wohl auch so teuer werden, dass man es sich zukünftig sicherlich zweimal überlegt, ob man das Auto stehen lässt oder nicht. Unsere Fahrzeugstrategie sieht vor, dass wir ab 2020 möglichst keine Dieselbusse, sondern nur noch emissionsfreie Brennstoffzellenbusse kaufen. Im U-Bahn-Bereich haben wir es geschafft, den Stromverbrauch um rund 15 Prozent zu senken. Diese Anstrengungen werden wir mit ganz konkreten Energiesparprojekten und modernen Fahrzeugen weiter fortsetzen.

Stellen Sie sich vor, Sie dürften jetzt anlässlich des 100. Geburtstages der HOCHBAHN ein Wunschkonzert spielen. Was würden Sie sich wünschen?

Ich würde mir wünschen, dass wir gemeinsam mit der Politik bald eine einfachere und damit transparentere Tarifstruktur mit weniger Rabattierungen und dafür einer höheren Ergiebigkeit hinbekämen. Mit einfachen Tarifen kann man ein wesentliches Zugangshemmnis zum öffentlichen Nahverkehr abschaffen. Eine höhere Ergiebigkeit würde die öffentlichen Haushalte entlasten und dem ÖPNV mehr Spielraum für die Ausweitung und weitere Verbesserung des Angebots geben.

Viele Hamburger wünschen sich eines zurück: ihre geliebte, alte Straßenbahn.

Die Entscheidung des Senats nach der Bürgerschaftswahl gegen den Bau der Stadtbahn ist angesichts der Haushaltslage und der Verpflichtungen aus der Schuldenbremse nachvollziehbar und zu respektieren. Für die steigenden Fahrgastzahlen hat der Senat beschlossen, das Bussystem weiter aufzuwerten und durch eine Busbeschleunigung zusätzliche Kapazitäten zu schaffen. Damit werden wir es schaffen, die steigende Nachfrage nach ÖPNV-Leistungen in diesem Jahrzehnt zu befriedigen. Wie es danach dann weitergeht, ob es einen weiteren Ausbau des U-Bahn-Systems gibt oder die Stadtbahn in fernerer Zukunft gebaut werden soll, muss im Lichte der weiteren Fahrgastzahlenentwicklung dann zu gegebener Zeit auf der politischen Ebene entschieden werden.

IMPRESSUM

HERAUSGEBER: Hamburger Abendblatt

REDAKTION: Alexander Schuller
REDAKTIONELLE MITARBEIT: Herbert Mühlroth, Daniel Frahm,
Dr. Reinhard Krause

PROJEKTVERANTWORTUNG: Jan H. Groß (Leitung), Olaf Schulz

LEKTORAT: Andrea Wolf, Gabriele Schönig
VERLAGSGESCHÄFTSFÜHRUNG: Jan Bayer, Frank Mahlberg

GESTALTUNG: formlabor, Hamburg
TITELFOTO: Max Galli/laif
BILDREDAKTION: Daniel Frahm
BILDER: Falls im folgenden nicht anders angegeben, stammen die Bilder
aus den Beständen des Historischen Archivs der Hamburger Hochbahn AG.
Johannes Arlt: 56 o., 80 o., 146 o., 174 o., 190 o.;istockphoto.com / © lamiel: 61 o.r.;
Andreas Laible: 4; Staatsarchiv Hamburg: 10, 11; Stadtteilarchiv Hamm: 19, 20, 21;
Siemens Corporate Archives: 16, 17; Ullstein – Heinrich Hoffmann: 18;
Ullstein – Zander & Labisch: 79 o.r.; Ullstein – imagebroker.net /Manfred Bail: 95;
Ullstein – Klaus Niermann: 111 o.li.; Ullstein: 113 o.; Ullstein – C.T. Fotostudio: 155 o.;
Vorsatz- und Nachsatzpapier: Historisches Archiv der Hamburger Hochbahn AG,
Johannes Arlt

GESAMTHERSTELLUNG: MedienSchiff Bruno, Hamburg
Printed in Germany
COPYRIGHT: Axel Springer AG / Hamburger Abendblatt 2012
1. Auflage 2012

www.abendblatt.de

ISBN 978-3-86370-106-2

Burgstraße

KLOSTERSTERN

St. Pauli